KB075609

한자·한문의 첫걸음

한자·한문의 첫걸음

저자 정준환
(laoshihwan@daum.net)

발행 2023. 5. 23. (2023. 8. 11. 수정)
펴낸이 한건희
펴낸곳 주식회사 부크크
출판사등록 2014. 7. 15.(제2014-16호)
주소 서울 금천구 가산디지털1로 119 SK트윈타워 A동 305호
전화 1670-8316
이메일 info@bookk.co.kr

ISBN 979-11-410-2932-6

www.bookk.co.kr

한자·한문의 첫걸음

정준환 지음

목차

See the light

시작하며

학생들이나 처음 마주하게 되는 사람들이 간혹 전공을 물어볼 때가 있다. 이때 필자가 한문교육을 전공했다고 말하면 되게 의아하게 생각한다. '왜 하필 한문?', '한자능력급수는 몇 급이세요?' 등의 발문이 자연스레 이어진다. 필자는 어린 시절부터 한자를 그냥 좋아했던 것 같다. 초등학교 2학년 때 티나라(초등교사 교수·학습 컨텐츠 사이트)에서 만든 '샘한자'라는 교재를 담임선생님 권유로 신청해서 그냥 풀어보기도 하고, 초등학교 4학년 때는 재량활동 시간에 영어 대신에 한자 수업을 선택해서 들어갔던 기억이 있다. 딱히 별다른 이유는 없었다. 이때 한자를 열심히 쓴 결과, 남들이 글씨를 잘 쓴다고 하는 것 같다.

중학교에 입학하고 나서는 '한문'이라는 과목이 정규수업에 있었다. 그때만 해도 토요일에 몇 번은 학교에 수업 들으러 갔어야 했다. 1학년 때 평일과 토요일에 걸쳐 주 2회 한문 수업이 있었는데 토요일 수업이 없는 주에는 한문 수업이 없어 아쉬워하기도 했다. 한문 과목의 선생님은 왠지 나이가 지긋하고, 고리타분한 선생님이 많으리라 생각했지만, 최 선생님을 뵙고 나서 편견이 깨졌다. 젊으신 남자 선생님이셨다. 그리고 학생들의 눈높이와 수준에 맞게 한자의 음·뜻과 구절의 해석 순서를 칠판에 잘 정리해주시고 때에 따라 관련된 에피소드도 이야기해주셨다. 처음 학교에서 배운 제대로 된 한문 수업이었고, 나 또한 지금도 이런 방식으로 필기하고 정리했던지라 최 선생님의 수업 방식이 가장 오래 기억에 남는다. 훗날 최 선생님이 졸업하신 대학교에 입학하게 되었고, 교생실습도 졸업한 중학교로 가게 될 정도로 연줄이 이어졌다.

고등학교에 입학하고 나서도 3년 중 한 학년만 한문 수업이 있었다. 수업 비중이 적다고 생각했지만, 한문 수업이 아예 없는 고등학교보다는 처지가 나은 편이었다. 나이 드신 여자 한문 선생님께서 수업을 맡으셨는데 중학교 시절의 선생님과 수업 방식이 180도 달랐다. 중·고등학교 기초한자 1,800자를 모두 암기하라는 고통을 주셨고, 수업의 내용을 이해하지 못하면 사랑의 매가 이어졌다. 필자는 이 선생님의 수업을 듣고 1등급이라는 결과를 맞기도 했지만, 수업 가운데 기억에 남는 점은 가혹한 수행평가와 사랑의 매뿐이라는 것이 아쉽다.

고등학교 3학년이 되어 수시지원을 앞두고 대학과 전공에 대한 고민이 하늘을 찔렀다. 한문학과와 한문교육과를 두고 고민하고, 차라리 수능 주요 과목을 다루는 국어교육과를 지원해볼까 하는 고민도 하고, 한문은 그냥 취미로 하고 경영학과에 진학해서 졸업 후 은행에 들어갈까 하는 고민도 했다. 고민이 이어지다 보니 문과 전공 가운데 건드리지 않는 과가 없었다. 어쨌거나 학교에서는 한문을 제일 잘했고, 어렸을 때부터 교육과 관련된 일에 관심을 가졌던 점을 고려해서 한문교육과에 대부분 지원하기로 마음먹었다. 경영학과나 다른 학과도 지원하기도 했지만, 한문교육과로 원서를 낸 학교에 모두 합격하게 되자 집 가까운 학교, 역사가 있는 학과로 고민 없이 등록했다.

내가 원했던 전공의 수업을 처음 들으러 갔을 때를 생각해보면 누구나 그렇듯 기대와 걱정이 매우 컸던 것 같다. 대학에서는 어떻게 한자·한문을 가르칠까에 대한 기대, 중·고등학교 2년 배운 얕은 지식으로 전공 수업을 따라갈 수 있을까에 대한 걱정이었다. 걱정은 현실이 되었다. 중국어로 쓰여 있는 한자학(漢字學) 교재, 한문만으로 한 페이지를 채운 교재는 고등학교에서조차 볼 수 없었던 것이었다. 중등교사 임용시험을 치기 위해 읽어야 할 책들은 『논어』, 『맹자』 뿐만 아니라 훨씬 더 많았다. 학부 수업 때 보지도 못한 텍스트에서도 출제하니 말이다.

졸업 후 학교에 한문교사로 부임하니 한문이라는 과목은 대학 입시에 반영되지 않는다는 이유, 수능에서 필수 과목이 아니라는 이유, 한자가 복잡하고 내용이 어렵다는 이유 등으로 학생들은 한문 과목에 관심이 없었고, 심지어 자신의 이름조차 한자로 쓰지 못하는 학생들이 차고 넘쳤다. 필자는 첫 한문 수업 때마다 학생들에게 설문지를 나눠 주었던 것 같다. 설문은 한자·한문의 필요성, 한자·한문을 배워야 하는 이유에 대한 물음이 주된 내용이었다. 설문을 거두어서 읽어보면 학생 대다수가 언어생활에서 한자가 커다란 비중을 차지하고 있다는 점을 익히 알고 있었으며 기회가 있을 때 조금이나마 한자·한문을 배워두어야 한다고 생각했다. 대다수가 자신의 한자 이름을 제대로 쓰지 못하나 배움의 필요성은 조금 느끼고 있어서 그나마 다행이라고 느꼈다.

그러한 학생들을 위해 필자는 실생활에서 자주 볼 법한 한자·한문과 초학자들이 어느 정도 알고 넘어가야 할 부분을 쉽게 알려주고 싶었다. 그래서 노트에 필기하듯이 정리하여 책을 내기로 마음먹었다. 초학자 수준에 맞는 내용과 적절한 분량으로 체계적으로 정리되어 있지 않은 여타 한문교재를 보고 든 생각이기도 했다. 저명학자들의 책과 견주어보면 미흡한 점이 많고, 활동지 정도로 보이겠으나 한자·한문을 처음 접하는 사람(중·고등학생 이상)을 대상으로 요점만 간추려 놓았다는 것을 생각하면 충분할지도 모르겠다.

책은 한자·한문의 개념부터 학습용어나 한자어, 평소에 이따금 볼 수 있는 고사성어, 한자로 이루어진 시와 문장, 사상가들의 특징을 주로 정리해두었다. 끝에서는 필자가 학교에서 교사로서 짧게 경험한 한문교육의 실상과 느낌을 간략하게 정리·제언해두었다.

한자·한문을 처음 배울 때 어렵고, 현재 언어생활에 직접 쓰고 있지 않아 필요성을 느끼지 못한다고 하더라도 선인(先人)들이 한자·한문으로 표현한 지혜와 사상을 느끼지 않고 현재를 살아갈 수는 없다. 이 책이 한자·한문을 처음 접하는 학생들에게 한자·한문의 길잡이 역할이 되었으면 좋겠다.

2023년 5월 23일

안암동 고려대학교에서

정준환(鄭濬煥) 識

01 | 한자(漢字)·한문(漢文)의 개념

1. 참고 영상

① '한자 교육' 왜 해야 하는가? | 이명학(전 성균관대 한문교육과 교수) (https://youtu.be/f6jvpj2eGog)

② 한문, 의외의 꿀 입시 공부 | 조남호(스터디코드네트웍스 대표) (https://youtu.be/FAvR-FDkzTU)

2. 한자·한문의 필요성

① 한자·한문은 시공간을 뛰어넘어 그 어법을 아는 사람에게 드넓은 세계를 나타냄.

② 선인(先人)들은 한자어를 순수한 우리말과 결합해 사용

· 한자와 한글은 상생(相生) 관계(關係)

· 한문에 의하여 고유한 문화 창조(創造)·전수(傳授)

③ 한문 문헌은 과거의 역사나 문화를 이해하는 자료로 그치지 않음.

· 일상생활 반성의 기회, 더 나은 미래를 위한 설계 지침

· 삶에 유용한 중심 사상을 찾고 한문 고전을 가공하는 법 필요

④ 한문 고전에 담긴 사상·문화적 가치를 현대 생활의 지혜로 응용

· 온고지신(溫故知新): 옛것을 익히고 그것을 미루어서 새것을 앎.

· 법고창신(法古創新): 옛 법을 바탕으로 새로운 것을 창안해 냄.

【참고】 만학도(晩學徒) 학생들이 생각한 '한자·한문의 필요성' 일부

한글은 많으나 뜻을 잘 모르는 경우가 있어서 어렸을적부터 배웠더라면 좋았을것 같아서 아쉽구요. 지금이라도 배우게 되어 참 다행이다 라고 생각 합니다

우리나라의 언어 문화는 중국 일본과 함께 한문권의 영역으로서 한문을 모르고서 의사 소통이 곤란 함으로 필수적으로 한문을 배워야 한다

뜻이 담긴 한자에는 언어와 인성교육에 도움이 되어 요즘 현실에는 한문교육이 필요한것 같다.

한자 공부를 하면서 뜻을 생각하게 되니 다양한 생각을 합니다.

한자 한문을 배우면서 그 뜻을 깨달아 알게 되었다
한자라도 더 배우고 알아서 지혜있는 사람이 되었으면 좋겠다
한문의 뜻을 배우고 알면 말과 행동을 조심 하게 될것 같다

한자를 알면 정확하게 뜻을 이해 할수 있습니다.
우리말을 바르고 정확하게 이해하여 언어 생활을
풍요롭게 합니다.

아는것이 적용되고 내자신에게 행복을 줍니다
할수있는 만큼 배워 보려합니다
터득, 체득.

한글이는 배우지 못했지만 여자 여 와 아들 자 를
보면서 아기를 안고 젖을 물려 앉으면서 젖을 먹이는
엄마의 모습이 너무나 아름다웠습니다 그날 한문이
어디에 나오면 그러겠니 하고 읽었는데 뜻을 알고
보니 더욱 배워야 겠다는 생각이 듭니다

한자 한문 한자에 뜻이 있어 배우는 중이라
너무 좋은것 같습니다
休. 사람이 나무그늘에서 쉴수 있다는 뜻
앞으로 한자를 배워보고 싶습니다

시월 오일을 생각하여서 한자를 배워나온것이 엄마 배워볼것 같은데
시간이 잘 가지않게 재미가 나온다
한문선생님은 아직 나이는 젊지않은것 같은데 한문선생님을 처음본것 보다
화장기가 적다 나도 열심히 배워볼것을 다시 다짐을 해본다

【참고】 Chat GPT가 답한 '한자·한문의 필요성' 일부

1. 소통

한자는 중국어의 구성 요소입니다. 글자를 아는 것은 여러분이 책, 신문, 간판, 그리고 온라인 콘텐츠를 포함한 중국어 텍스트를 읽고 이해할 수 있게 해줍니다. 그것은 전 세계 10억 명 이상의 사람들에게 많은 양의 정보와 통신 기회를 열어줍니다.

2. 문화적 이해

한자는 중국의 문화와 역사와 깊이 얽혀 있습니다. 그것들을 공부함으로써, 여러분은 서예, 문학, 철학, 그리고 전통 예술을 포함한 중국의 풍부한 문화유산에 대한 통찰력을 얻을 수 있습니다. 중국 문화에 대한 당신의 이해를 높이고 다른 문화 간의 이해를 증진합니다.

3. 언어학적 통찰력

한자는 중국어의 구조와 발전에 대한 귀중한 통찰력을 제공합니다. 문자를 배우면서 여러 문자로 반복되는 패턴을 발견하게 되어 단어의 어원과 의미를 이해하는 데 도움이 됩니다. 이 지식은 또한 일본어와 한국어와 같이 한자를 다양한 정도로 사용하는 다른 동아시아 언어에 대한 이해를 도울 수 있습니다.

4. 기억력과 인지적 이점

한자를 배우는 것은 정신적으로 자극을 줄 수 있고 기억력을 향상할 수 있습니다. 복잡한 획과 글자의 구성은 집중력과 인지 능력을 필요하게 합니다. 한자를 배우는 것이 두뇌 발달과 전반적인 인지 기능에 긍정적인 영향을 미칠 수 있다고 제안합니다.

5. 경력 및 비즈니스 기회

중국의 영향력이 커짐에 따라, 한자에 대한 숙련도는 다양한 경력 및 비즈니스 기회를 열어줄 수 있습니다. 국제 비즈니스, 외교, 학계 또는 문화 교류와 같은 분야에서 일할 계획이라면 특히 유리할 수 있습니다.

6. 개인적 성장

한자를 배우는 것은 도전적이면서도 보람 있는 노력이 될 수 있습니다. 당신의 헌신, 인내, 그리고 새로운 기술을 습득하는 능력을 보여줍니다. 한자를 통달하는 것은 여러분의 자신감을 높이고, 시야를 넓히고, 성취감을 제공할 수 있습니다.

【참고】 '온고지신(溫故知新)' 바르게 따라 쓰기

溫	故	知	新
溫	故	知	新
溫	故	知	新
따뜻할 (온) 온습하다	옛 (고)	알 (지)	새로울 (신)

3. 漢

① 중국(中國)의 옛 왕조 이름: B.C. 206~A.D. 220

② 중국(中國)을 상징하는 접두어(接頭語)

· 한대(漢代)에 와서 중국 문화의 터전이 마련되었음을 의미

【참고】 고려(高麗), 조선(朝鮮), 청구(靑丘): 대한민국(大韓民國)을 상징

장기(將棋)에서 볼 수 있는 한(漢)과 초(楚)

고려대학교(高麗大學校, Korea Uni.)

4. 漢語

① 한족(漢族)의 언어(言語)

· 현재 중국 55개 민족 53개 언어

② 현대의 표준어(普通話)와 방언, 고대·근대·현대 중국어, 文言·白話 중국어

· 고금(古今)과 남북을 아우르는 가장 포괄적인 명칭

· 일반적으로 현대 표준 중국어(普通話)를 지칭

③ 용례

· 현대 中國: HSK(漢語水平考試), 漢語大詞典

· 현대 韓國·日本: 中國語

· 영어권: Chinese(秦나라 말), Mandarin(明淸시대의 공용어 官話)

【참고】 中文: 중국어의 口語와 文語의 통칭

한어수평고시

5. 漢字

① 漢語(中國語)를 표기하기 위한 文字(최소한의 의미 단위를 凝集)

· 본래 '字'만으로 표기하다가, 근세 이후 중국의 글자라는 뜻으로 '漢'을 붙여 '漢字'라 부르게 되었음.

② 구성: 자형(字形), 자음(字音), 자의(字義)

【참고】 한자의 3요소

모양(形)	뜻(音)	음(義)
人	사람	인
仁	어질다	인
印	도장	인

③ 특징: 표의문자(表意文字)

· 표음문자(表音文字)들과 달리 한 글자가 어휘·문장·문법적 기능

④ 동아시아 공유(共有) 문자(文字): 韓國·中國·日本·越南

⑤ 고유의 음과 뜻을 가진 한자는 4~5만 글자 정도

· 실상 한자문화권에서 자주 쓰이는 한자는 4~5천 자

· 중·고등학교 교육용 기초한자: 1,800자

6. 漢字語

① 두 글자 이상의 한자가 결합하여 이루어진 낱말(어휘)

· 한 글자로 이루어진 한자어도 있음.

【예】 차(車), 귤(橘) 등

② 뿌리: 한문(中國古典) 유래, 한국식·일본식 한자어, 근대 서양어;
고유어·외래어와의 결합 등

7. **漢文**

① 한자(漢字)만으로 쓴 글(文)

② 중국 고전(古典)의 문장

③ 漢文의 다른 이름: 文, 古文, 文言(文), 古(代)漢語, 古典中國語, 古代中國文言文.

④ 口語(spoken language)+文語(written language)

⑤ 先秦(春秋·戰國)時代의 口語를 바탕으로 형성

· 儒教 經典·諸子百家·歷史書 등 각종 문학·기록의 표준 文語

· 문장언어(literary language)

· 고정·규범화

【참고】 한문의 다른 의미들: 漢詩↔散文, 唐詩↔漢文(漢나라 문장)

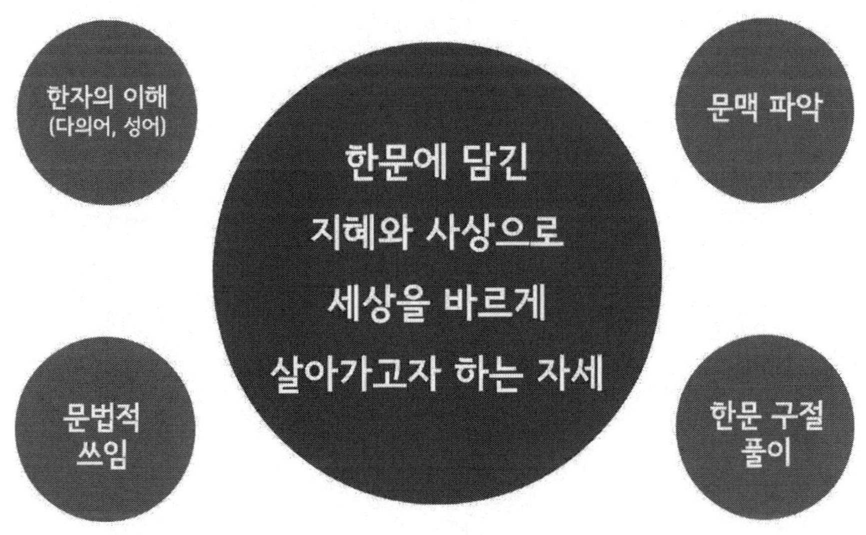

8. 漢學

① 한나라 때 번성했던 경서(經書) 연구의 학문

② 훈고학(訓詁學): 경전의 언어를 연구, 문장을 바르게 해석하고 고전 본래의 사상을 이해

· 한나라 초, 진시황제(秦始皇帝)의 분서갱유(焚書坑儒), 엄격한 사상 통제로 없어진 책들을 수집·복원

· 한 무제(武帝) 때 유교(儒敎)가 관학(官學)으로 자리, 경전 연구 성행

9. 漢文學

한문학	문학	시, 사부·변문, 한문산문, 한문소설, 비평 등
	비문학	문(文)·사(史)·철(哲)의 종합
	기초학	음운학·문자학·훈고학·문헌학 [소학(小學)]

① 넓은 의미: 한자(漢字)·한문(漢文)으로 된 동아시아 공통 또는 동아시아 각국의 민족이 고전이나 자신들의 사상·감정을 담은 문학 작품

② 한 나라 단위의 문학 연구인 동시에 국제적인 학문 (중국·일본·한국문학인 동시에 동아시아 문학)

③ 서양·현대적 의미의 문학 연구에 한정되지 않음.

· 연구 대상: 한문으로 쓰인 대부분

· 서양·현대적 의미의 非文學(공용문·실용문·기초학·文史哲 등) 포함

· 서양 literature ≒ 좁은 의미의 한문학

④ 좁은 의미: 한자(漢字)·한문(漢文)을 표현 매체로 하는 문학

⑤ 한문학은 크게 한시와 한문으로 나뉨.

· 중국: 한대(漢代)의 詩(운문)와 文(산문)

· 한국·일본: 한자로 된 詩(운문)와 文(산문)

(중국에서 이루어진 문학·철학·사학 방면의 옛 저술을 고전으로 인정하면서도 한문학을 통해 자기 민족의 사상과 감정을 표현)

⑥ 문(文)·사(史)·철(哲)의 종합 속에서 의미

· 한문학에 대한 이해 자체는 늘 종합적인 인간 의식을 염두

02 | 한자의 상식

1. 한자의 탄생

① 황제(黃帝) 사관(史官) 창힐(倉頡/蒼頡)이 만듦. (전설)

② 한자는 상형문자(象形文字)에서 출발

· 노동과 사회활동 속에서 차츰 체계를 갖추었다고 보는 것이 옳음.

③ 우리나라에 한자가 수용된 시기는 한사군(漢四郡, 기원전 108년~314년) 설치 이전으로 소급

· 한자의 도입 시기와 관한 說

- 檀君 時代(기원전 2333년경): 단군 시대에 한자로 기록한 기록물이 존재하지 않음.
- 箕子朝鮮 時代(기원전 1122년경): 기자조선의 실체가 부정되고 있음.
- 기원전 200~300년: 한자의 발생과 자형의 변천사, 국내의 문화적 상황, 고고학 및 역사학계의 연구 성과 등을 고려(기원전 300년 평안도 지역을 중심으로 관련된 유물 출토→기원전 3세기 말 중국계 망명인의 수가 급증, 초기 수용단계)

④ 삼국(고구려·백제·신라)은 모두 일찍부터 한문으로 국사를 편찬

· 고구려(高句麗): 건국 초 이른 시기에 한문을 사용(『유기(留記)』)

* 〈국강상광개토경평안호태왕비(國岡上廣開土境平安好太王碑)〉

: 고구려 건국의 내력(가장 오래된 것, 414년)

: 광개토왕의 영웅적 행적

* 〈여수장우중문시(與隋將于仲文詩)〉

: 을지문덕이 지은 한시. 《삼국사기(三國史記)》에 실려 있음.

· 백제(百濟): 〈사택지적비(砂宅智積碑)〉(변려문, 645년)

· 신라(新羅): 한자와 한문을 널리 사용(국사 편찬, 545년)

2. 한자의 자형(字形)

<u>갑골문</u> → 금문 → 전서 → 예서 → <u>해서</u> → 초서 → 행서

① 갑골문(甲骨文, the Oracle-Bone Inscriptions): 龜甲獸骨文

· 은(殷)나라 후기 유적지(하남성 안양현 소둔리)에서 발견

· 거북 배딱지나 짐승 뼈에 새겨진 글자(B.C. 1300년으로 소급)

· 점(卜)의 결과를 기록

· 상형의 특성이 강하고, 획과 부수는 고정되지 않음.

· 4,000여 자 가운데 1,000자만 해독

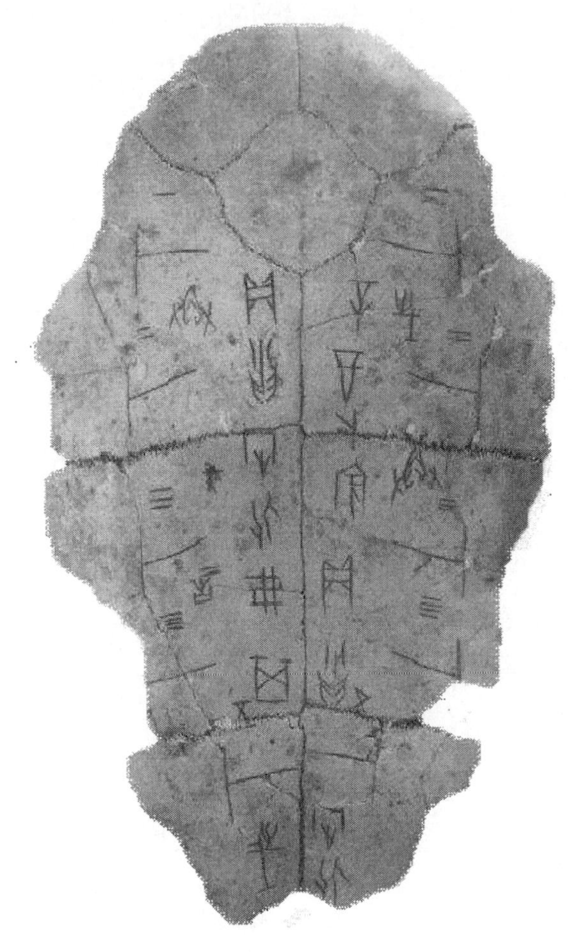

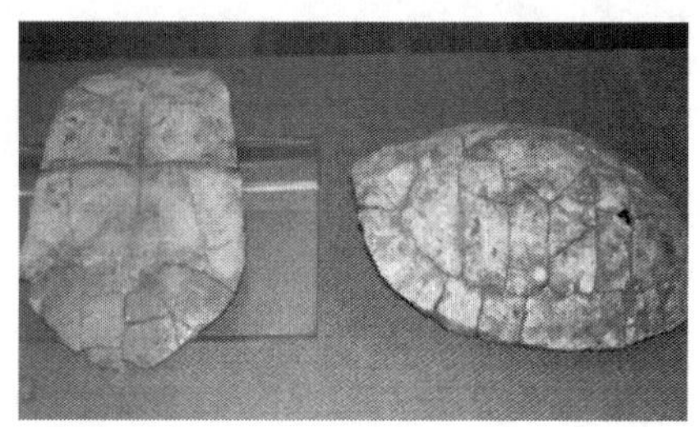

鼠 牛 虎 兔 龙 蛇
马 羊 猴 鸡 狗 猪

禮記曰學然後知不足教然後知困故曰教學相長也

② 금문(金文, the Bronze Inscriptions): 吉金文字의 약칭

· 은(殷)·주(周) 때 청동기(青銅器)에 주조·조각 → '종정문(鐘鼎文)' (제사·전쟁·명령·계약 등에 관한 기록)

· 5~6,000자 수집(上古時期 역사·古文字 연구의 중요자료)

· 기호적 특성(자형이 굵다가 차츰 가늘게 변화)

③ 전서(篆書, the Seal Character)

· 대전(大篆, the former Seal Character)

· 소전(小篆, the later Seal Character): 眞篆

· 대·소는 시대의 先後 구분

· 주나라 선왕(宣王) 때 太史 籒 정리 → 주문(籒文)

· 진시황 때 李斯 등이 간략화(大篆을 변형) → 소전(小篆)

④ 예서(隷書, Chancery)

· 隷: 노예 → 정막이 노예 or 노예에게 사용한 데서 나온 말

· 隷變: 한자가 예서로 변하면서 형체와 본질 면에서 거대한 변화를 가져옴(形聲字 대량 출현, 今文字로 이르는 과정)

· 진나라 말부터 한나라·삼국시대에 사용

· 필획은 줄이고 곧은 선과 네모꼴

【참고】 www.shufami.com

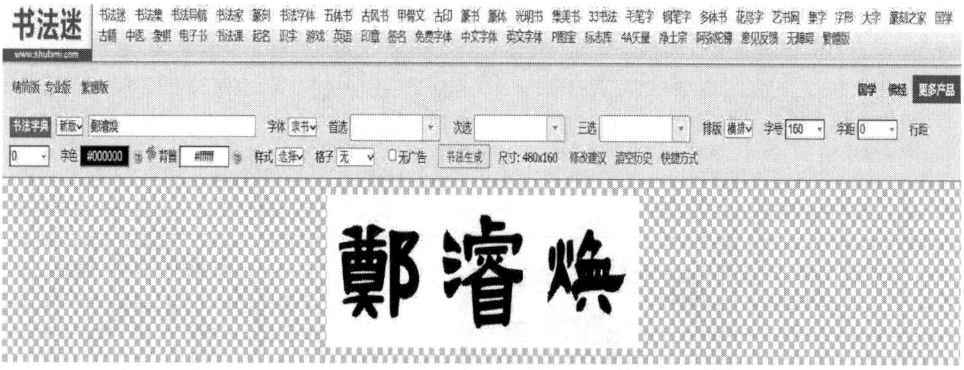

⑤ 해서(楷書, Model)

· 본보기, 모범이 되는 서체(眞書, 正書)

· 한나라 말기 글자의 획을 고쳐 정사각 형태로 변화

(예서의 정형화 형태, 현재의 正字로 통용)

訓民正音
國之語音異乎中國與文字
不相流通。故愚民有所欲言
而終不得伸其情者多矣。予
爲此憫然新制二十八字。欲
使人人易習便於日用耳。
ㄱ。牙音。如君字初發聲

⑥ 초서(草書, Cursive)

· 자획을 생략하여 흘림글씨로 쓴 서체

· 초예(草隸): 한나라 초 사용

· 금초(今草): 한나라 말 사용(복잡한 형태, 현재의 초서)

· 광초(狂草): 당나라 이후

⑦ 행서(行書, Running)

· 해서와 초서의 중간 형태

· 삼국시대와 晉나라 이후 유행

서사의 재료에 의해 命名	갑골문, 금문, 죽간(竹簡), 백서(帛書)
글자의 형체에 따라 命名	대전, 소전, 예서, 해서, 초서, 행서

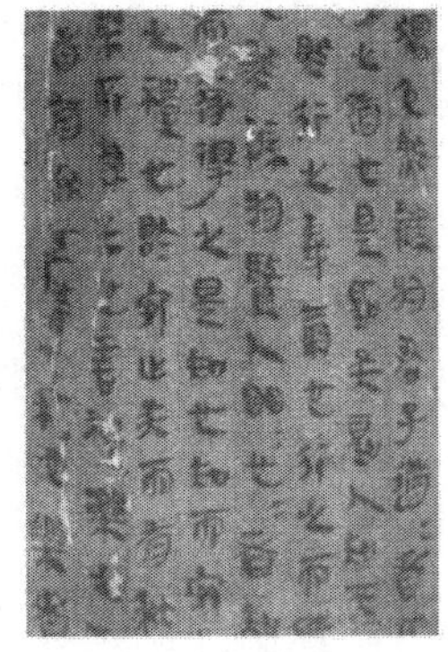

3. 한자의 제자(製字) 원리: 육서(六書, Six Writings)

'文'을 만드는 방법	상형(象形), 지사(指事)
	모양(형체)에 치중, 사물의 모양에 근간
'字'를 만드는 방법	회의(會意), 형성(形聲)
	문자의 발전에 치중
'用字' 원칙	전주(轉注), 가차(假借)
	문자의 활용

① 상형(象形, Pictograph)

· 물체의 형상을 그려낸 것(원시적인 그림에서 출발)

【예】 山(산 산): 우뚝 솟은 3개의 산봉우리를 그린 모습

川(내 천): 하천을 따라 물이 굽이쳐 흐르는 모습

子(아들 자): 포대기에 싸여있는 어린아이의 모습

女(여자 여): 무릎을 꿇고 손을 모으고 있는 여자의 모습

人(사람 인): 팔을 지긋이 내리고 있는 사람의 모습

日(날 일): 태양의 모습

月(달 월): 초승달의 모습

【참고】 Chinese character Design(www.chineasy.com)

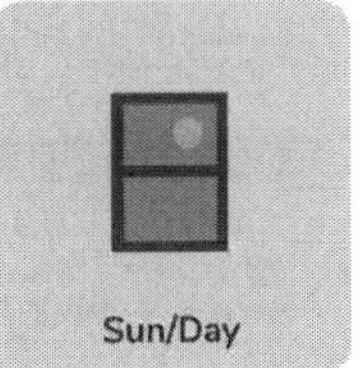

【참고】 漢字樹(Hanzitree)(https://www.ylib.com/hotsale/HanziTree/index.asp)

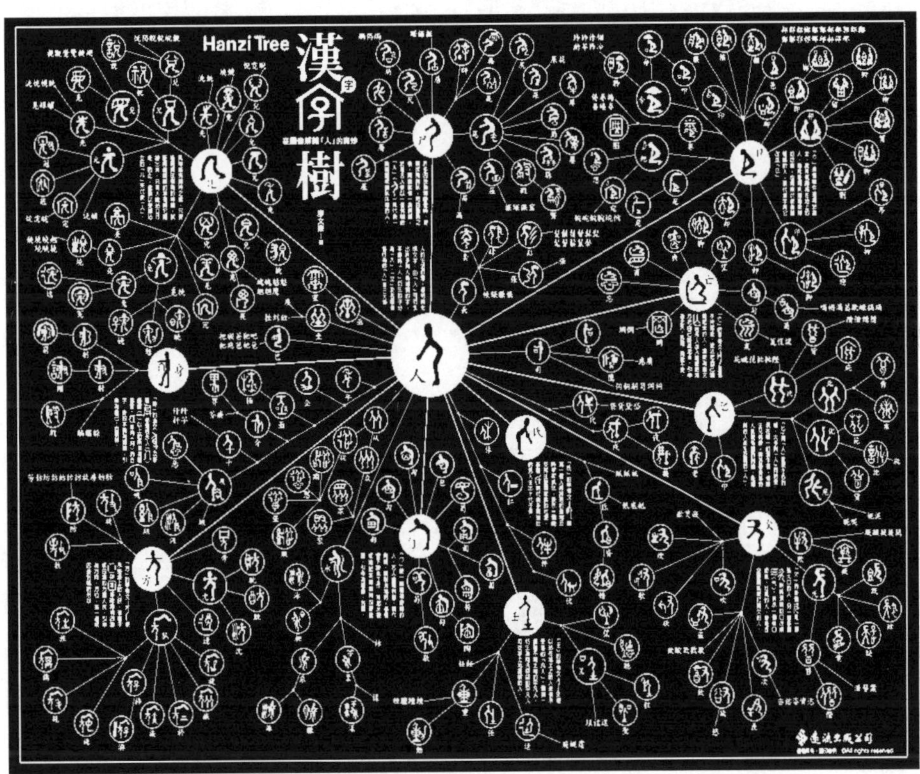

② 지사(指事, Indicatives)

· 부호로써 事象의 뜻을 표시하는 것(구체적인 형체가 없으므로 다만 추상적인 부호로 일의 상태를 표시하여 밝힘)

【예】 上(위 상): 두 개의 가로선으로 표시하여 '위'라는 뜻을 나타냄. 긴 선은 기준선을 나타내고, 위의 짧은 선은 기준선보다 위에 있다는 것을 나타냄.

下(아래 하): 두 개의 가로선으로 표시하여 '아래'라는 뜻을 나타냄. 긴 선은 기준선을 나타내고, 아래의 짧은 선은 기준선보다 아래에 있음을 나타냄.

本(근본 본): 나무(木) 밑에 뿌리가 있음을 표시한 것.

末(끝 말): 나무(木) 위에 있는 나뭇가지 끝을 표시한 것.

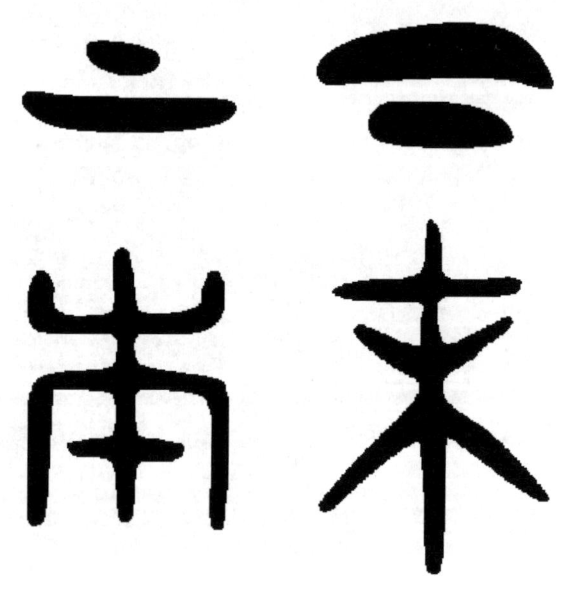

③ 회의(會意, Ideographs)

· 뜻을 가지는 두 개 이상의 글자를 모아서 새로운 글자를 만드는 방법(뜻+뜻=새로운 뜻)

【예】 木(나무 목) + 木(나무 목) = 林(수풀 림)

火(불 화) + 火(불 화) = 炎(불꽃 염)

立(설 립) + 立(설 립) = 竝(아우를 병)

日(해 일) + 月(달 월) = 明(밝을 명)

人(사람 인) + 木(나무 목) = 休(쉴 휴)

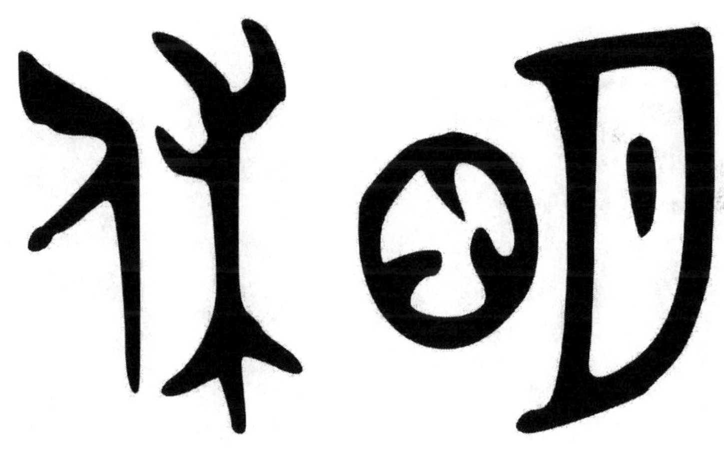

④ 형성(形聲, Phonetic compounds)

· 뜻을 나타내는 글자와 소리를 나타내는 글자를 합쳐 새로운 글자를 만드는 방법(기존 한자의 뜻+기존 한자의 음=새로운 뜻+기존 한자의 음)

【예】 水(물 수) + 包(쌀 포) = 泡(거품 포)

手(손 수) + 包(쌀 포) = 抱(안을 포)

食(먹을 식) + 包(쌀 포) = 飽(배부를 포)

水(물 수) + 青(푸를 청) = 淸(맑을 청)

言(말씀 언) + 青(푸를 청) = 請(청할 청)

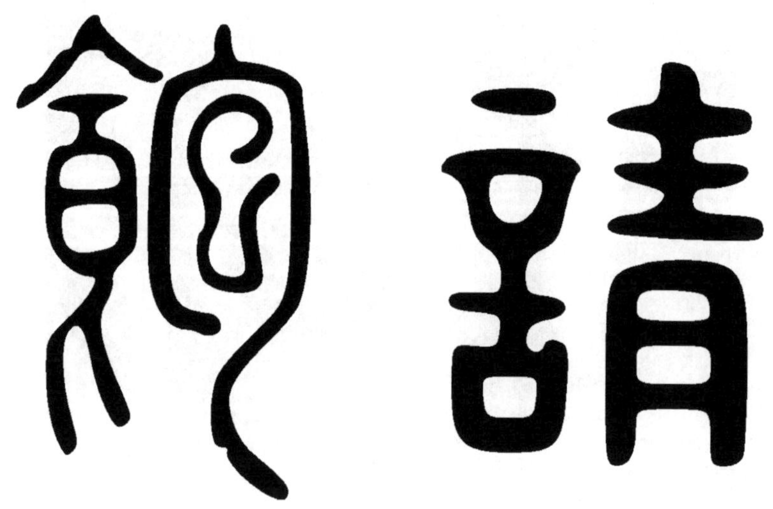

⑤ 전주(轉注, Mutual explanatories)

· 같은 뜻을 지닌 글자들이 서로 풀이 관계 형성

【예】 樂: 노래 (악)

즐거울 (락/낙)

좋아할 (요)

⑥ 가차(假借, Phonetic loans)

· 글자를 다른 뜻으로 활용하는 방법

· 같은 음의 글자를 빌려 쓰는 방법

【예】 Asia(亞世亞)

America(亞米利加)

Coca Cola(可口可樂),

France(佛蘭西)

India(印度)

Italy(伊太利)

Pepsi Cola(百事可樂)

4. **한자의 부수(部首)**: 한자 자전에서 글자를 찾는 길잡이 역할을 하는 공통되는 글자의 한 부분.

一	丨	丶	丿	乙	亅	二	亠	人(亻)	儿	入	八
한 일	뚫을 곤	점 주	삐침 별	새 을	갈고리 궐	두 이	돼지해머리 두	사람 인	어진사람 인	들 입	여덟 팔
冂	冖	冫	几	凵	刀(刂)	力	勹	匕	匚	匸	十
멀 경	민갓머리 멱	얼음 빙	안석 궤	위터진입 구	칼 도	힘 력	쌀 포	비수 비	터진입구 방	감출 혜	열 십
卜	卩(㔾)	厂	厶	又	口	囗	土	士	夂	夊	夕
점 복	병부 절	기슭 엄	사사 사	또 우	입 구	큰입구 국	흙 토	선비 사	뒤져올 치	천천히걸을쇠	저녁 석
大	女	子	宀	寸	小	尢(兀)	尸	屮	山	巛(川)	工
큰 대	여자 여	아들 자	집 면	마디 촌	작을 소	절름발이 왕	주검 시	풀 초	산 산	개미허리 천	장인 공
己	巾	干	幺	广	廴	廾	弋	弓	彐(彑)	彡	彳
몸 기	수건 건	방패 간	작을 요	엄호 엄	민책받침 인	밑스물입 공	주살 익	활 궁	터진가로 왈	터럭 삼	조금 걸을 척
心(忄)	戈	戶	手(扌)	支	攴(攵)	文	斗	斤	方	无	日
마음 심	창 과	지게 호	손 수	지탱할 지	둥글월 문	글월 문	말 두	도끼 근	모 방	없을 무	해/날 일
曰	月	木	欠	止	歹(歺)	殳	毋	比	毛	氏	气
가로 왈	달 월	나무 목	하품 흠	그칠 지	부서진 뼈 알	창 수	말 무	견줄 비	터럭 모	성씨 씨	기운 기
水(氵)	火(灬)	爪(爫)	父	爻	爿	片	牙	牛	犬(犭)	玄	玉(王)
물 수	불 화	손톱 조	아비 부	점괘 효	나뭇조각 장	조각 편	어금니 아	소 우	개 견	검을 현	구슬 옥
瓜	瓦	甘	生	用	田	疋	疒	癶	白	皮	皿
오이 과	기와 와	달 감	날 생	쓸 용	밭 전	필 필	병들어기댈 역	필 발	흰 백	가죽 피	그릇 명
目	矛	矢	石	示(礻)	禸	禾	穴	立	竹	米	糸
눈 목	창 모	화살 시	돌 석	보일 시	발자국 유	벼 화	구멍 혈	설 립	대 죽	쌀 미	실 사
缶	网(罒)	羊	羽	老(耂)	而	耒	耳	聿	肉(月)	臣	自
장군 부	그물 망	양 양	깃우	늙을 로	말이을 이	쟁기 뢰	귀 이	붓 율	고기 육	신하 신	스스로 자
至	臼	舌	舛	舟	艮	色	艸(艹)	虍	虫	血	行
이를 지	절구 구	혀 설	어길 천	배 주	머무를 간	빛 색	풀 초	범 호	벌레 충	피 혈	다닐 행

衣(衤)	襾(覀)	見	角	言	谷	豆	豕	豸	貝	赤	走
옷 의	덮을 아	볼 견	뿔 각	말씀 언	골 곡	콩 두	돼지 시	갖은돼지 시	조개 패	붉을 적	달아날 주
足	身	車	辛	辰	辵(⻍)	邑(阝)	酉	釆(釆)	里	金	長(镸)
발 족	몸 신	수레 거	매울 신	별 진	쉬엄쉬엄갈 착	고을 읍	닭 유	분별할 채	마을 리	쇠 금	길 장
門	阜(阝)	隶	隹	雨	靑	非	面	革	韋	韭	音
문 문	언덕 부	미칠 이	새 추	비 우	푸를 청	아닐 비	얼굴 면	가죽 혁	가죽 위	부추 구	소리 음
頁	風	飛	食(飠)	首	香	馬	骨	高	髟	鬥	鬯
머리 혈	바람 풍	날 비	밥 식	머리 수	향기 향	말 마	뼈 골	높을 고	터럭발 표	싸울 투	술 창
鬲	鬼	魚	鳥	鹵	鹿	麥	麻	黃	黍	黑	黹
솥 력	귀신 귀	고기 어	새 조	소금밭 로	사슴 록	보리 맥	삼 마	누를 황	기장 서	검을 흑	바느질할 치
黽	鼎	鼓	鼠	鼻	齊	齒	龍	龜	龠		
맹꽁이 맹	솥 정	북 고	쥐 서	코 비	가지런할 제	이 치	용 룡	거북 귀(구)	피리 약		

5. 초등학교 교육용 기초한자 일부

一	二	三	四	五	六	七	八	九	十	百	千	萬	日
한 일	두 이	석 삼	넉 사	다섯 오	여섯 육	일곱 칠	여덟 팔	아홉 구	열 십	일백 백	일천 천	일만 만	날 일
月	火	水	木	金	土	東	西	南	北	中	父	母	兄
달 월	불 화	물 수	나무 목	쇠 금	흙 토	동녘 동	서녘 서	남녘 남	북녘 북	가운데 중	아비 부	어미 모	맏 형
第	學	校	敎	室	國	軍	大	門	先	生	人	力	江
아우 제	배울 학	학교 교	가르칠 교	집 실	나라 국	군사 군	큰 대	문 문	먼저 선	날 생	사람 인	힘 력	강 강
山	上	下	男	女	王	子	白	出	入	民	間	家	事
산 산	윗 상	아래 하	사내 남	여자 여	임금 왕	아들 자	흰 백	날 출	들 입	백성 민	사이 간	집 가	일 사
手	足	老	少	天	地	內	外	每	年	不	正	文	字
손 수	발 족	늙을 노	젊을 소	하늘 천	땅 지	안 내	바깥 외	매양 매	해 년	아닐 부	바를 정	글월 문	글자 자
時	動	植	物	記	名	空	氣	有	信	重	直	小	花
때 시	움직일 동	심을 식	만물 물	기록할 기	이름 명	빌 공	기운 기	있을 유	믿을 신	무거울 중	곧을 직	작을 소	꽃 화
來	春	夏	秋	冬	前	後	左	右	市	郡	邑	面	洞
올 래	봄 춘	여름 하	가을 추	겨울 동	앞 전	뒤 후	왼 좌	오른 우	저자 시	고을 군	고을 읍	낯 면	고을 동
里	便	紙	自	然	算	數	村	長	問	答	全	世	安
마을 리	편할 편	종이 지	스스로 자	그러할 연	셀 산	셀 수	마을 촌	길 장	물을 문	대답할 답	온전할 전	인간 세	편안 안
心	電	車	海	草	工	場	朝	夕	夫	命	育	明	休
마음 심	번개 전	수레 차	바다 해	풀 초	장인 공	마당 장	아침 조	저녁 석	지아비 부	목숨 명	기를 육	밝을 명	쉴 휴
靑	色	午	食	祖	訓	韓	方	漢	話	農	林	活	川
푸를 청	빛 색	낮 오	밥 식	조상 조	가르칠 훈	나라 한	모 방	나라 한	말씀 화	농사 농	수풀 림	살 활	내 천
主	語	孝	道	立	平	口	歌	所	牛	新	品	忠	計
주인 주	말씀 어	효도 효	길 도	설 립	평평할 평	입 구	노래 가	바 소	소 우	새 신	물건 품	충성 충	꾀 계
公	共	角	度	圖	書	遠	近	結	果	理	由	現	存
공변될 공	함께 공	뿔 각	법도 도	그림 도	글 서	멀 원	가까울 근	맺을 결	실과 과	다스릴 이	말미암을 유	나타날 현	있을 존
高	溫	規	則	勝	利	古	今	成	分	音	樂	美	術
높을 고	따뜻할 온	법 규	법칙 칙	이길 승	날카로울 리	옛 고	이제 금	이룰 성	나눌 분	소리 음	풍류 악	아름다울 미	재주 술
衣	服	題	目	病	身	多	幸	反	發	開	放	交	友
옷 의	옷 복	표제 제	눈 목	병 병	몸 신	많을 다	다행 행	되돌릴 반	필 발	열 개	놓을 방	사귈 교	벗 우
戰	功	黃	讀	書	雪	雲	光	線	産	業	禮	藥	失
싸울 전	공 공	누를 황	읽을 독	쓸 서	눈 설	구름 운	빛 광	줄 선	낳을 산	업 업	예도 예	약 약	잃을 실

風	雨	本	社	詩	評	研	究	太	陽	界	晝	夜	和
바람 풍	비 우	근본 본	단체 사	시 시	평할 평	갈 연	궁구할 구	클 태	볕 양	지경 계	낮 주	밤 야	화할 화
愛	野	田	消	死	別	表	希	望	知	己	通	用	意
사랑 애	들 야	밭 전	사라질 소	죽을 사	나눌 별	겉 표	바랄 희	바랄 망	알 지	몸 기	통할 통	쓸 용	뜻 의
感	言	路	兒	童	原	住	族	神	注	油	番	號	始
느낄 감	말씀 언	길 로	아이 아	아이 동	근원 원	살 주	겨레 족	귀신 신	물댈 주	기름 유	차례 번	부를 호	처음 시
聞	福	德	作	庭	園	賢	者	協	助	銀	行	形	體
들을 문	복 복	큰 덕	지을 작	뜰 정	동산 원	어질 현	사람 자	맞을 협	도울 조	은 은	갈 행	모양 형	몸 체
洋	醫	親	孫	政	治	法	典	淸	止	湖	血	婚	化
바다 양	의원 의	친할 친	손자 손	정사 정	다스릴 치	법 법	법 전	맑을 청	그칠 지	호수 호	피 혈	혼인할 혼	될 화
石	會	合	特	定	加	速	登	科	勇	士	比	等	相
돌 석	모일 회	합할 합	특별할 특	정할 정	더할 가	빠를 속	오를 등	과정 과	날랠 용	선비 사	견줄 비	가지런할 등	서로 상
富	貴	價	格	考	案	客	觀	競	馬	技	能	報	恩
부자 부	귀할 귀	값 가	격식 격	상고할 고	책상 안	손님 객	볼 관	겨룰 경	말 마	재주 기	능할 능	갚을 보	은혜 은
過	去	患	難	歷	史	獨	島	廣	告	費	兵	權	要
지날 과	갈 거	근심 환	어려울 난	지낼 역	역사 사	홀로 독	섬 도	넓을 광	알릴 고	쓸 비	군사 병	권세 권	구할 요
因	進	運	傳	說	識	材	强	性	絶	對	順	約	參
인할 인	나아갈 진	돌 운	전할 전	말씀 설	알 식	재목 재	굳셀 강	성품 성	끊을 절	대답할 대	순할 순	묶을 약	간여할 참
期	奉	仕	示	誠	固	貯	街	英	才	練	習	集	師
기약할 기	받들 봉	벼슬할 사	보일 시	정성 성	굳을 고	쌓을 저	거리 가	꽃부리 영	재주 재	익힐 연	익힐 습	모일 집	스승 사
序	論	賣	買	善	惡	思	想	受	賞	魚	鮮	冷	熱
차례 서	말할 논	팔 매	살 매	착할 선	악할 악	생각할 사	생각할 상	받을 수	상줄 상	고기 어	고울 선	찰 냉	더울 열
景	致	可	見	藝	課	將	令	養	充	展	輕	視	旅
볕 경	이를 치	옳을 가	볼 견	재주 예	매길 과	장차 장	영 령	기를 양	찰 충	펼 전	가벼울 경	볼 시	군사 여
談	財	務	選	擧	責	臣	義	爭	永	落	短	位	元
말씀 담	재물 재	힘쓸 무	가릴 선	들 거	꾸짖을 책	신하 신	옳을 의	다툴 쟁	길 영	떨어질 락	짧을 단	자리 위	으뜸 원
料	快	流	救	標	秩	授							
되질할 료	쾌할 쾌	흐를 류	구원할 구	표할 표	차례 질	줄 수							

6. 중학교 교육용 기초한자

가	家	집
	佳	아름답다
	街	거리
	可	옳다
	歌	노래
	加	더하다
	價	값
	假	거짓
각	各	각각
	角	뿔
	脚	다리
간	干	방패
	間	사이
	看	보다
갈	渴	목마르다
감	甘	달다
	減	덜다
	感	느끼다
	敢	구태여
갑	甲	첫째천간
강	江	강
	降	내리다
	講	강론하다
	強	강하다
개	改	고치다
	皆	다
	個	낱
	開	열다
객	客	손님
갱	更	다시
거	去	가다
	巨	크다
	居	살다
	車	수레
	擧	들다
건	建	세우다
	乾	하늘
견	犬	개
	見	보다
	堅	굳다
결	決	결단하다
	結	맺다
	潔	깨끗하다
경	京	서울
	景	볕
	輕	가볍다
	經	글, 경서
	庚	일곱째천간
	耕	밭갈다
	敬	공경하다
	驚	놀라다
	慶	경사
	競	다투다
계	癸	열째천간
	季	계절
	界	지경
	計	세다
	溪	시내
	鷄	닭
고	古	예
	故	연고
	固	굳다
	苦	쓰다
	考	생각하다
	高	높다
	告	고하다
곡	谷	골
	曲	굽다
	穀	곡식
곤	困	곤하다
	坤	땅
골	骨	뼈
공	工	장인
	功	공
	空	비다
	共	한가지
	公	공평하다
과	果	열매
	課	과정
	科	과목
	過	지나다
관	官	벼슬
	觀	보다
	關	빗장
광	光	빛
	廣	넓다
교	交	사귀다
	校	학교
	橋	다리
	敎	가르치다
구	九	아홉
	口	입
	求	구하다

	救	구원하다		氣	기운	도	刀	칼
	究	연구하다		技	재주		到	이르다
	久	오래다		幾	몇		度	법도
	句	글귀		旣	이미		道	길
	舊	예	길	吉	길하다		島	섬
국	國	나라	난	暖	따뜻하다		徒	무리
	菊	국화		難	어렵다		都	도읍
군	君	임금	남	南	남녘		圖	그림
	郡	고을		男	남자	독	讀	읽다
	軍	군사	내	內	안		獨	홀로
궁	弓	활		乃	이에	동	同	한가지
권	卷	책	녀	女	여자		洞	마을
	權	권세	년	年	해		童	아이
	勸	권하다	념	念	생각		冬	겨울
귀	貴	귀하다	노	怒	성내다		東	동녘
	歸	돌아가다	농	農	농사		動	움직이다
균	均	고르다	능	能	능하다	두	斗	말
극	極	극진하다	다	多	많다		豆	콩
근	近	가깝다	단	丹	붉다		頭	머리
	勤	부지런하다		但	다만	득	得	얻다
	根	뿌리		單	홑	등	等	같다,무리
금	金	쇠		短	짧다		登	오르다
	今	이제		端	끝		燈	등불
	禁	금하다	달	達	통달하다	락	落	떨어지다
급	及	미치다	담	談	말씀		樂	즐겁다
	給	주다	답	答	대답	란	卵	알
	急	급하다	당	堂	집	랑	浪	물결
기	己	몸		當	마땅		郎	사내
	記	기록하다	대	大	크다	래	來	오다
	起	일어나다		代	대신	랭	冷	차다
	其	그		待	기다리다	량	良	어질다
	期	기약		對	대하다		兩	두
	基	터	덕	德	덕		量	수량

	涼	서늘하다	만	萬	일만		舞	춤추다
려	旅	나그네		晩	늦다	묵	墨	먹
력	力	힘		滿	차다	문	門	문
	歷	지내다	말	末	끝		問	묻다
련	連	잇다	망	亡	망하다		聞	듣다
	練	익히다		忙	바쁘다		文	글월
렬	列	줄		忘	잊다	물	勿	말다
	烈	맵다		望	바라다		物	물건,만물
령	令	명령하다	매	每	매양	미	米	쌀
	領	거느리다		買	사다		未	아니다
례	例	예,본보기		賣	팔다		味	맛
	禮	예절		妹	누이		美	아름답다
로	路	길	맥	麥	보리		尾	꼬리
	露	이슬	면	免	면하다	민	民	백성
	老	늙다		勉	힘쓰다	밀	密	빽빽하다
	勞	수고롭다		面	낯	반	反	돌이키다
록	綠	푸르다		眠	자다		飯	밥
론	論	의논하다	명	名	이름		半	반
료	料	헤아리다		命	목숨	발	發	피다
류	柳	버들		明	밝다	방	方	모
	留	머무르다		鳴	울다		房	방
	流	흐르다	모	母	어머니		防	막다
륙	六	여섯		毛	털		放	놓다
	陸	뭍		暮	저물다		訪	찾다
륜	倫	인륜	목	木	나무	배	拜	절
률	律	법칙		目	눈		杯	잔
리	里	마을	묘	卯	넷째지지	백	白	희다
	理	이치		妙	묘하다		百	일백
	利	이롭다	무	戊	다섯째천간	번	番	차례
림	林	수풀		茂	무성하다	벌	伐	치다
립	立	서다		武	무반	범	凡	무릇
마	馬	말		務	힘쓰다	법	法	법
막	莫	없다		無	없다	변	變	변하다

음	한자	뜻
별	別	다르다
병	丙	남녘
	病	병
	兵	군사
보	保	보호하다
	步	걸음
	報	갚다
복	福	복
	伏	엎드리다
	服	옷, 따르다
	復	회복하다
본	本	근본
봉	奉	받들다
	逢	만나다
부	夫	남편, 사내
	扶	붙들다
	父	아버지
	富	넉넉하다
	部	부분
	婦	아내, 며느리
	否	아니다
	浮	뜨다
북	北	북녘
분	分	나누다
불	不	아니다
	佛	부처
붕	朋	벗
비	比	견주다
	非	아니다
	悲	슬프다
	飛	날다
	鼻	코
	備	갖추다
빈	貧	가난하다
빙	氷	얼음
사	四	넉
	巳	여섯째지지
	士	선비
	仕	벼슬
	寺	절
	史	역사
	使	부리다
	舍	집
	射	쏘다
	謝	사례하다
	師	스승
	死	죽다
	私	사사롭다
	絲	실
	思	생각
	事	일
산	山	메
	産	낳다
	散	흩어지다
	算	셈하다
살	殺	죽이다
상	上	위
	尙	오히려
	常	항상
	賞	상, 상주다
	商	장사
	相	서로
	霜	서리
	想	생각
	傷	상할
	喪	잃다
색	色	빛
생	生	나다
서	西	서녘
	序	차례
	書	글
	暑	덥다
석	石	돌
	夕	저녁
	昔	옛
	惜	아끼다
	席	자리
선	先	먼저
	仙	신선
	線	줄
	鮮	곱다
	善	착하다
	船	배
	選	가리다
설	雪	눈
	說	말씀
	設	베풀다
성	姓	성씨
	性	성품
	成	이루다
	城	성
	誠	정성
	盛	성하다
	省	살피다
	星	별
	聖	성인
	聲	소리
세	世	인간
	洗	씻다

음	한자	뜻
	稅	세금
	細	가늘다
	勢	형세
	歲	해
소	小	작다
	少	적다
	所	곳, 바
	消	지우다
	素	바탕,희다
	笑	웃다
속	俗	풍속
	速	빠르다
	續	잇다
손	孫	손자
송	松	소나무
	送	보내다
수	水	물
	手	손
	受	받다
	授	주다
	首	머리
	守	지키다
	收	거두다
	誰	누구
	須	모름지기
	雖	비록
	愁	근심
	樹	나무
	壽	목숨
	數	셈,자주
	修	닦다
	秀	빼어나다
숙	叔	아저씨
	淑	맑다
	宿	자다
순	順	순하다
	純	순수하다
술	戌	열한째지지
숭	崇	높다
습	習	익히다
	拾	줍다
승	乘	타다
	承	잇다
	勝	이기다
시	市	저자,도시
	示	보이다
	是	이
	時	때
	詩	시
	視	보다
	施	베풀다
	試	시험하다
	始	처음
씨	氏	성씨
식	食	먹다
	式	법
	植	심다
	識	알다
신	身	몸
	申	펴다
	神	귀신
	臣	신하
	信	믿다
	辛	맵다
	新	새롭다
실	失	잃다
	室	방
	實	열매
심	心	마음
	甚	심하다
	深	깊다
십	十	열
아	兒	아이
	我	나
악	惡	악하다
안	安	편안하다
	案	책상
	顔	얼굴
	眼	눈
암	暗	어둡다
	巖	바위
앙	仰	우러르다
애	愛	사랑
	哀	슬프다
야	也	어조사
	夜	밤
	野	들
약	弱	약하다
	若	같다
	約	약속하다
	藥	약
양	羊	양
	洋	큰바다
	養	기르다
	揚	날리다
	陽	볕
	讓	사양하다
어	魚	고기
	漁	고기잡다

	於	어조사
	語	말씀
억	億	억
	憶	생각
언	言	말씀
엄	嚴	엄하다
업	業	일
여	余	나
	餘	남다
	如	같다
	汝	너
	與	더불다,주다
역	亦	또
	易	바꾸다
	逆	거스르다
연	然	그러하다
	煙	연기
	硏	갈다
	硯	벼루
열	熱	더울
	悅	기쁘다
염	炎	불꽃
엽	葉	잎
영	永	길다
	英	꽃부리
	迎	맞이하다
	榮	영화
예	藝	재주
오	五	다섯
	吾	나
	悟	깨닫다
	午	낮
	誤	그르다
	烏	까마귀
옥	玉	구슬
	屋	집
온	溫	따뜻하다
와	瓦	기와
	臥	눕다
완	完	완전하다
왈	曰	말하다
왕	王	임금
	往	가다
외	外	바깥
요	要	중요하다
욕	欲	하고자하다
	浴	목욕하다
용	用	쓰다
	勇	굳세다
	容	얼굴
우	于	어조사
	宇	집
	右	오른
	牛	소
	友	벗
	雨	비
	憂	근심
	又	또
	尤	더욱
	遇	만나다
운	云	이르다
	雲	구름
	運	운전하다
웅	雄	웅장하다
원	元	으뜸,처음
	原	근원
	願	원하다
	遠	멀다
	園	동산
	怨	원망하다
	圓	둥글다
월	月	달
위	位	자리
	危	위태하다
	爲	하다,되다
	偉	크다
	威	위엄
유	由	말미암다
	油	기름
	酉	닭
	有	있다
	猶	오히려
	唯	오직
	遊	놀다
	柔	부드럽다
	遺	남기다
	幼	어리다
육	肉	고기
	育	기르다
은	恩	은혜
	銀	은
을	乙	새
음	音	소리
	吟	읊다
	飮	마시다
	陰	그늘
읍	邑	고을
	泣	울다
응	應	응하다

의	衣	옷
	依	의지하다
	義	옳다, 뜻
	議	의논하다
	矣	어조사
	醫	의원
	意	뜻
이	二	둘
	貳	둘
	以	써
	已	이미
	耳	귀
	而	어조사
	異	다르다
	移	옮기다
익	益	더하다
인	人	사람
	引	끌다
	仁	어질다
	因	인하다
	忍	참다
	認	알다
	寅	셋째지지
	印	도장
일	一	하나
	日	해,날
	壹	하나
임	壬	아홉째천간
입	入	들어가다
자	子	아들
	字	글자
	自	스스로
	者	사람
	姉	손윗누이
	慈	사랑
작	作	짓다
	昨	어제
장	長	길다
	章	글
	場	마당
	將	장수
	壯	장하다
재	才	재주
	材	재목
	財	재물
	在	있다
	栽	심다
	再	두
	哉	어조사
쟁	爭	다투다
저	著	책짓다
	貯	쌓다
	低	낮다
적	的	과녁
	赤	붉다
	適	알맞다
	敵	대적하다
전	田	밭
	全	온전하다
	典	모범, 법
	前	앞
	展	펴다
	戰	싸우다
	電	번개
	錢	돈
	傳	전하다
절	節	마디
	絶	끊다
점	店	가게
접	接	접하다
정	丁	장정
	頂	정수리
	停	머무르다
	井	우물
	正	바르다
	政	정사
	定	정하다
	貞	곧다
	精	정하다
	情	뜻
	靜	고요하다
	淨	깨끗하다
	庭	뜰
제	弟	아우
	第	차례
	祭	제사
	帝	황제,임금
	題	제목,문제
	除	없애다
	諸	모두,여러
	製	짓다
조	兆	조, 조짐
	早	이르다
	造	짓다
	鳥	새
	調	고르다
	朝	아침
	助	돕다
	祖	할아버지

음	한자	뜻
족	足	발
	族	겨레
존	存	있다
	尊	높다
졸	卒	군사
종	宗	마루,으뜸
	種	심다,종류
	鐘	쇠북
	終	마치다,끝
	從	따르다
좌	左	왼
	坐	앉다
죄	罪	죄, 잘못
주	主	주인
	注	물대다
	住	살다
	朱	붉다
	宙	집
	走	달리다
주	酒	술
	晝	낮
죽	竹	대나무
중	中	가운데
	重	무겁다
	衆	무리
즉	卽	곧
증	曾	일찍이
	增	더하다
	證	증거
지	只	다만
	支	지탱하다
	枝	가지
	止	그치다
	之	어조사
	知	알다
	地	땅
	指	손가락
	志	뜻
	至	이르다
	紙	종이
	持	가지다
직	直	곧다
진	辰	별
	眞	참
	進	나아가다
	盡	다하다
질	質	바탕
집	集	모으다
	執	잡다
차	且	또
	次	버금,점차
	此	이
	借	빌리다
착	着	붙다
찰	察	살피다
참	參	참여하다
창	昌	창성하다
	唱	부르다
	窓	창문
채	菜	나물
	採	캐다
책	責	꾸짖다
	冊	책
처	妻	아내
	處	곳,처하다
척	尺	자
천	千	일천
	天	하늘
	川	내
	泉	샘
	淺	얕다
철	鐵	쇠
청	靑	푸르다
	淸	맑다
	晴	개다
	請	청하다
	聽	듣다
체	體	몸
초	初	처음
	草	풀
	招	부르다
촌	寸	마디
	村	마을
최	最	가장
추	秋	가을
	追	따르다
	推	밀다
축	丑	둘째지지
	祝	빌다
춘	春	봄
출	出	나다
충	充	차다
	忠	충성
	蟲	벌레
취	取	가지다
	吹	불다
	就	나아가다
치	治	다스리다
	致	이르다

	齒	이	표	表	겉	허	虛	비다
칙	則	법칙	품	品	물건		許	허락하다
친	親	친하다	풍	風	바람	현	現	나타나다
칠	七	일곱		楓	단풍나무		賢	어질다
침	針	바늘		豐	풍년	혈	血	피
쾌	快	상쾌하다	피	皮	가죽	협	協	돕다
타	他	다르다		彼	저	형	兄	형
	打	치다	필	必	반드시		刑	형벌
탈	脫	벗다		匹	짝		形	모양
탐	探	찾다		筆	붓	혜	惠	은혜
태	太	크다	하	下	아래	호	戶	지게문
	泰	크다		夏	여름		乎	어조사
택	宅	집		賀	하례하다		呼	부르다
토	土	흙		何	어찌		好	좋다
통	通	통하다		河	강		虎	범
	統	거느리다	학	學	배우다		號	이름
퇴	退	물러나다	한	閑	한가하다		湖	호수
투	投	던지다		寒	차다	혹	或	혹시
특	特	특별하다		恨	한하다	혼	婚	혼인
파	破	깨뜨리다		限	한계		混	섞다
	波	물결		韓	나라이름	홍	紅	붉다
판	判	판단하다		漢	한나라	화	火	불
팔	八	여덟	합	合	합하다		化	되다
패	貝	조개	항	恒	항상		花	꽃
	敗	패하다	해	害	해롭다		貨	재물
편	片	조각		海	바다		和	화목하다
	便	편하다		亥	열두째지지		話	말씀
	篇	책		解	풀다		畫	그림
평	平	평평하다	행	行	다니다		華	빛나다
폐	閉	닫다		幸	다행	환	歡	기쁘다
포	布	베	향	向	향하다		患	근심
	抱	안다		香	향기	활	活	살다
폭	暴	사납다		鄕	시골,고향	황	黃	노랗다

	皇	황제,임금	후	後	뒤	흉	胸	가슴
회	回	돌다, 번		厚	두텁다	흑	黑	검다
	會	모이다	훈	訓	가르치다	흥	興	일어나다
효	孝	효도	휴	休	쉬다	희	希	바라다
	效	본받다	흉	凶	흉하다		喜	기쁘다

7. 고등학교 교육용 기초한자

가	架	시렁	게	憩	쉬다		孤	외롭다
	暇	겨를	격	格	격식		鼓	북
각	閣	집		擊	치다		稿	원고
	却	물리치다		激	과격하다		顧	돌아보다
	覺	깨닫다	견	肩	어깨	곡	哭	울다
	刻	새기다		絹	비단	공	孔	구멍
간	刊	간행하다		遣	보내다		供	이바지하다
	肝	간	결	缺	이지러지다		恭	공손하다
	幹	줄기	겸	兼	겸하다		攻	치다
	簡	대쪽		謙	겸손하다		恐	두려워하다
	姦	간사하다	경	竟	마침내		貢	바치다
	懇	간절하다	경	境	지경	과	戈	창
감	監	보다		鏡	거울		瓜	오이
	鑑	거울		頃	이랑		誇	자랑하다
강	康	편안	경	傾	기울다		寡	적다
	剛	굳세다		硬	굳다	곽	郭	성
	鋼	강철		警	경계하다	관	館	집
	綱	벼리		徑	지름길		管	대롱
개	介	끼다		卿	벼슬		貫	꿰다
	慨	슬프다	계	系	계통		慣	익숙하다
	概	대개		係	매다		冠	갓
	蓋	덮다		戒	경계하다		寬	너그럽다
거	距	떨어지다		械	기계	광	鑛	쇳돌
	拒	막다		繼	잇다	괘	掛	걸다
	據	의거하다		契	계약	괴	塊	덩어리
건	件	물건		桂	계수나무		愧	부끄러워하다
	健	굳세다		啓	열다		怪	괴이하다
걸	傑	호걸		階	섬돌		壞	무너지다
검	儉	검소하다	고	枯	마르다	교	郊	들
	劍	칼		姑	시어미		較	비교하다
	檢	검사하다		庫	곳집		巧	공교롭다

	矯	바로잡다
구	具	갖추다
	俱	함께
	區	구역
	驅	몰다
	鷗	갈매기
	苟	진실로
	拘	거리끼다
	狗	개
	丘	언덕
	懼	두려워하다
	構	얽다
	球	공
국	局	판
	菊	국화
군	群	무리
굴	屈	굽히다
궁	宮	집
	窮	궁하다
권	券	문서
	拳	주먹
궐	厥	그
귀	鬼	귀신
	龜	거북
규	叫	부르짖다
	規	법
	閨	안방
균	菌	버섯
극	克	이기다
	劇	심하다
근	斤	도끼
	僅	겨우
	謹	삼가다
금	錦	비단
	禽	새
	琴	거문고
급	級	등급
긍	肯	즐기다
기	紀	벼리
	忌	꺼리다
	旗	기
	欺	속이다
기	奇	기이하다
	騎	말 타다
	寄	부치다
	豈	어찌
	棄	버리다
	祈	빌다
	企	바라다
	畿	경기
	飢	주리다
	器	그릇
	機	틀
긴	緊	요긴하다
나	那	어찌
낙	諾	허락
납	納	드리다
낭	娘	여자
내	奈	어찌
	耐	견디다
녕	寧	편안
노	奴	종
	努	힘쓰다
농	濃	짙다
뇌	腦	뇌
	惱	번뇌하다
니	泥	진흙
다	茶	차
단	旦	아침
	段	층계
	壇	제단
	檀	박달나무
	斷	끊다
	團	둥글다
담	淡	맑다
	潭	못
	擔	메다
답	畓	논
	踏	밟다
당	唐	당나라
	糖	엿, 사탕
	黨	무리
대	帶	띠
	臺	집
	貸	빌리다
	隊	떼
도	倒	넘어지다
도	挑	돋우다
	桃	복숭아
	跳	뛰다
	逃	달아나다
	渡	건너다
	陶	질그릇
	途	길
	稻	벼
	導	이끌다
	盜	도적
독	毒	독
	督	살피다

	篤	도탑다
돈	豚	돼지
	敦	도탑다
돌	突	갑자기
동	銅	구리
	桐	오동나무
	凍	얼다
둔	鈍	둔하다
라	羅	벌이다
락	洛	낙수
	絡	잇다
란	亂	어지럽다
	蘭	난초
	欄	난간
	爛	찬란하다
람	覽	보다
	藍	쪽풀
	濫	넘치다
랑	朗	밝다
	廊	행랑
략	略	간략하다
	掠	빼앗다
량	梁	들보
	糧	양식
	諒	헤아리다
려	麗	곱다
	慮	생각
려	勵	힘쓰다
력	曆	책력
련	鍊	단련하다
	憐	불쌍하다
	聯	잇다
	戀	그리워하다
련	蓮	연꽃
렬	裂	찢어지다
	劣	못나다
렴	廉	청렴하다
령	嶺	고개
	零	떨어지다
	靈	신령
로	爐	화로
록	祿	복록(福祿)
	錄	기록하다
	鹿	사슴
롱	弄	희롱하다
뢰	雷	우뢰
	賴	의뢰하다
료	了	마치다
룡	龍	용
루	屢	여러
	樓	다락
	累	포개다
	淚	눈물
	漏	새다
류	類	무리
륜	輪	바퀴
률	栗	밤
	率	비율
륭	隆	성하다
릉	陵	언덕
리	梨	배
	李	오얏나무
	吏	아전
	離	떠나다
	裏	속
	履	밟다
린	隣	이웃
림	臨	임하다
마	麻	삼
	磨	갈다
막	幕	장막
막	漠	아득하다
만	慢	거만하다
	漫	퍼지다
	蠻	오랑캐
망	茫	아득하다
	妄	망령되다
	罔	없다
매	梅	매화
	埋	묻다
	媒	중매
맥	脈	줄기
맹	孟	맏
	猛	사납다
	盟	맹세
	盲	눈멀다
면	綿	솜
멸	滅	멸하다
명	銘	새기다
	冥	어둡다
모	某	아무
	謀	꾀하다
	模	모범
	矛	창
	貌	모양
	募	뽑다
	慕	사모하다
목	牧	기르다
	沐	머리감다

음	한자	뜻
	睦	화목하다
몰	沒	빠지다
몽	夢	꿈
	蒙	어리다
묘	苗	싹
	廟	사당
	墓	무덤
무	貿	바꾸다
	霧	안개
묵	默	잠잠하다
미	迷	미혹하다
	微	작다
	眉	눈썹
민	敏	민첩하다
	憫	민망하다
밀	蜜	꿀
박	泊	머무르다
	拍	치다
	迫	핍박하다
	朴	소박하다
	博	넓다
	薄	얇다
반	般	일반
	盤	소반
반	班	나누다
	返	돌아오다
	叛	배반하다
발	拔	빼다
	髮	터럭
방	芳	꽃답다
	傍	곁
	妨	방해하다
	倣	모방하다
	邦	나라
배	倍	갑절
	培	북돋우다
	配	짝
	排	물리치다
	輩	무리
	背	등
백	伯	맏
	栢	잣나무
번	煩	번거롭다
	繁	번성하다
	飜	번역하다
벌	罰	벌주다
범	犯	범하다
	範	모범
	汎	넓다
벽	壁	벽
	碧	푸르다
변	辯	말씀
	辨	분별하다
	邊	가
병	竝	아우르다
	屛	병풍
보	普	넓다
	譜	족보
	補	기울다
	寶	보배
복	腹	배
	複	겹치다
	卜	점
봉	峯	봉우리
	蜂	벌
	封	봉하다
	鳳	새
부	付	부탁하다
	符	병부,증거
부	附	붙다
	府	관청
	腐	썩다
	負	지다
	副	버금
	簿	문서
	膚	살갗
	赴	다다르다
	賦	부여하다
분	紛	어지럽다
	粉	가루
	奔	달아나다
	墳	무덤
	憤	분하다
	奮	떨치다
불	弗	아니다
	拂	떨치다
붕	崩	무너지다
비	批	비평하다
	卑	낮다
	婢	여자종
	碑	비석
	妃	왕비
	肥	살찌다
	祕	숨기다
	費	쓰다
빈	賓	손
	頻	자주
빙	聘	부르다
사	司	맡다

	詞	말씀		徐	천천히		帥	장수
	蛇	뱀		庶	무리		殊	다르다
	捨	버리다		恕	용서		隨	따르다
	邪	간사하다		署	관청		輸	굴리다
	賜	주다		緖	실마리		獸	짐승
사	斜	비끼다	석	析	쪼개다		睡	잠자다
	詐	속이다		釋	풀다		遂	드디어
	社	모이다	선	宣	베풀다	숙	孰	누구
	沙	모래		旋	돌다		熟	익숙하다
	似	같다		禪	참선		肅	엄숙하다
	査	조사하다	설	舌	혀	순	旬	열흘
	寫	베끼다	섭	涉	건너다		殉	따라죽다
	辭	말	소	召	부르다		盾	방패
	斯	이		昭	밝다		循	돌아다니다
	祀	제사		蘇	깨어나다		脣	입술
삭	削	깎다		騷	시끄럽다		瞬	순간
	朔	초하루	소	燒	불사르다		巡	돌다
산	酸	시다		訴	하소연하다	술	述	베풀다
삼	森	수풀		掃	쓸다		術	꾀
상	嘗	일찍		疎	성기다	습	濕	젖다
	裳	치마		蔬	나물		襲	엄습하다
	詳	자세하다	속	束	묶다	승	升	되
	祥	상서롭다		粟	조		昇	오르다
	床	상		屬	붙이다		僧	중
	象	코끼리	손	損	덜다	시	矢	화살
	像	형상	송	頌	기리다		侍	모시다
	桑	뽕나무	송	訟	송사하다	식	息	쉬다
	狀	모양	송	誦	외다	식	飾	꾸미다
	償	갚다	쇄	刷	인쇄하다	신	伸	펴다
쌍	雙	쌍		鎖	자물쇠		晨	새벽
새	塞	변방	쇠	衰	쇠하다		愼	삼가다
색	索	찾다	수	囚	가두다	심	尋	찾다
서	敍	베풀다		需	구하다		審	살피다

아	牙	어금니
	芽	싹
	雅	맑다
	亞	버금
	阿	언덕
	餓	주리다
악	岳	큰 산
안	岸	언덕
	鴈	기러기
알	謁	아뢰다
압	壓	누르다
앙	央	가운데
	殃	재앙
애	涯	물가
액	厄	재앙
	額	이마
야	耶	어조사
양	壤	흙덩이
	樣	모양
	楊	버들
어	御	모시다
억	抑	누르다
언	焉	어조사
여	予	나
	輿	수레
역	譯	번역
	驛	역
	役	부리다
	疫	전염병
	域	지경
연	延	끌다
	燃	불사르다
	燕	제비
	沿	물가
	鉛	납
	宴	잔치
	軟	연하다
	演	흐르다
	緣	인연
염	染	물들이다
	鹽	소금
영	泳	헤엄치다
	詠	읊다
	營	경영
	影	그림자
	映	비치다
예	豫	미리
	譽	기리다
	銳	날카롭다
오	汚	더럽다
	嗚	슬프다
오	娛	즐기다
	梧	오동나무
	傲	거만하다
옥	獄	옥
옹	翁	늙은이
완	緩	느리다
외	畏	두렵다
요	腰	허리
	搖	흔들다
	遙	멀다
	謠	노래
욕	慾	욕심
	辱	욕되다
용	庸	떳떳하다
우	羽	깃
	郵	우편
	愚	어리석다
	偶	짝
	優	뛰어나다
운	韻	운
원	員	인원
	源	근원
	援	돕다
	院	집
월	越	넘다
위	胃	밥통
	謂	이르다
	圍	둘레
	緯	씨
	衛	지키다
	違	어기다
	委	맡기다
위	慰	위로하다
	僞	거짓
유	幽	그윽하다
	惟	생각하다
	維	잇다
	乳	젖
	儒	선비
	裕	넉넉하다
	誘	달래다
	愈	낫다
	悠	멀다
윤	閏	윤달
	潤	윤택하다
은	隱	숨다
음	淫	음란하다
의	宜	마땅하다

	儀	거동
	疑	의심하다
이	夷	오랑캐
익	翼	날개
인	刃	칼날
	姻	혼인
일	逸	편안하다
임	任	맡기다
	賃	품삯
자	玆	이
	雌	암컷
	紫	자줏빛
	資	재물
	姿	모양
	恣	방자하다
	刺	찌르다
작	酌	따르다
	爵	벼슬
잔	殘	남다
잠	潛	잠기다
	蠶	누에
	暫	잠깐
잡	雜	섞이다
장	丈	어른
	張	베풀다
	帳	장막
	莊	장엄하다
	裝	꾸미다
장	奬	장려하다
	墻	담
	葬	장사지내다
	粧	단장하다
	掌	손바닥
	藏	감추다
	臟	내장
	障	막다
	腸	창자
재	災	재앙
	裁	마르다
	載	싣다
저	底	밑
	抵	막다
적	笛	피리
	滴	물방울
	摘	딸
	寂	고요하다
	籍	문서
	賊	도적
	跡	자취
	蹟	자취
	積	쌓다
	績	길쌈
전	專	오로지
	轉	구르다
절	切	자르다
	折	꺾다
점	占	점치다
	點	점
	漸	점점
접	蝶	나비
정	亭	정자
	訂	고치다
	廷	조정
	程	길
	征	치다
	整	가지런하다
제	提	끌다
	堤	둑
	制	짓다
	際	즈음
	齊	가지런하다
제	濟	건너다
조	弔	조상하다
	燥	마르다
	操	잡다
	照	비추다
	條	가지
	潮	밀물
	租	조세
	組	짜다
졸	拙	못나다
종	縱	세로
좌	佐	돕다
	座	자리
주	舟	배
	周	두루
	株	그루
주	州	고을
	洲	물가
	柱	기둥
준	準	법
	俊	준걸
	遵	좇다
중	仲	버금
증	憎	미워하다
	贈	주다
	症	증세
	蒸	찌다
지	池	못

	誌	기록
	智	지혜
	遲	더디다
직	職	벼슬
	織	짜다
진	振	떨치다
	鎭	진정하다
	陣	진치다
	陳	베풀다
	珍	보배
질	秩	차례
	疾	병
	姪	조카
징	徵	부르다
	懲	징계하다
차	差	어긋나다
착	錯	섞이다
착	捉	잡다
찬	贊	돕다
	讚	기리다
참	慘	슬프다
	慚	부끄럽다
창	倉	창고
	創	비롯하다
	蒼	푸르다
	滄	바다
	暢	화창하다
채	彩	채색
	債	빚
책	策	꾀
처	悽	슬프다
척	斥	물리치다
	拓	개척하다
척	戚	겨레
천	賤	천하다
	踐	밟다
	遷	옮기다
	薦	천거하다
철	哲	밝다
	徹	통하다
첨	尖	뾰족하다
	添	더하다
첩	妾	첩
청	廳	관청
체	替	바꾸다
초	肖	닮다
	超	뛰어넘다
	抄	베끼다
	礎	주춧돌
촉	促	재촉하다
	燭	촛불
	觸	닿다
총	銃	총
	總	모두
	聰	귀밝다
최	催	재촉하다
추	抽	뽑다
	醜	추하다
축	畜	기르다
	蓄	저축하다
	築	쌓다
축	逐	쫓다
	縮	줄이다
충	衝	찌르다
취	臭	냄새
	醉	취하다
	趣	뜻
측	側	곁
	測	헤아리다
층	層	층
치	値	값
	置	두다
	恥	부끄럽다
	稚	어리다
칠	漆	옻
침	侵	침노하다
	浸	젖다
	寢	자다
침	沈	잠기다
	枕	베개
칭	稱	일컫다
타	妥	타당하다
	墮	떨어지다
탁	濁	흐리다
	托	의탁하다
	濯	씻다
	琢	쪼다
탄	炭	숯
	歎	탄식하다
	彈	탄알
탈	奪	빼앗다
탐	貪	탐하다
탑	塔	탑
탕	湯	끓다
태	怠	게으르다
	殆	위태하다
	態	태도
택	澤	못
	擇	가리다

토	吐	토하다
	兎	토끼
	討	칠
통	痛	아프다
투	透	꿰뚫다
	鬪	싸움
파	派	갈래
	播	뿌리다
	罷	파하다
	頗	자못
판	板	널판
	販	팔다
	版	조각
편	編	엮다
	遍	두루
평	評	평론하다
폐	肺	허파
	廢	폐하다
	弊	해지다
	蔽	가리다
	幣	폐백
포	包	싸다
	胞	태
	飽	배부르다
포	浦	물가
	捕	잡다
폭	爆	폭발하다
	幅	폭
표	票	표
	標	표하다
	漂	뜰
피	疲	고달프다
	被	입다
	避	피하다
필	畢	마치다
하	荷	메다
학	鶴	학
한	旱	가물다
	汗	땀
할	割	베다
함	咸	다
	含	머금다
	陷	빠지다
항	巷	거리
	港	항구
	項	목
	抗	항거하다
	航	배
해	奚	어찌
	該	갖추다
핵	核	씨
향	響	울리다
	享	누리다
헌	軒	집
	憲	법
	獻	드리다
험	險	험하다
	驗	시험
혁	革	가죽
현	玄	검다
	弦	활시위
	絃	줄
	縣	고을
	懸	매달다
	顯	나타내다
혈	穴	구멍
협	脅	갈비
형	亨	형통하다
	螢	반딧불
혜	慧	지혜
	兮	어조사
호	互	서로
	胡	오랑캐
	浩	넓다
	毫	터럭
	豪	호걸
	護	지키다
혹	惑	미혹하다
혼	昏	어둡다
	魂	넋
홀	忽	문득
홍	洪	넓다
	弘	크다
	鴻	기러기
화	禾	벼
	禍	재앙
확	確	확실하다
	穫	거두다
	擴	넓히다
환	丸	둥글
	換	바꾸다
	環	고리
	還	돌아오다
황	況	하물며
황	荒	거칠다
회	灰	재
	悔	뉘우치다
	懷	품다
획	獲	얻다

	劃	긋다		喉	목구멍	흡	吸	마시다
횡	横	비끼다	훼	毁	헐	희	稀	드물다
효	曉	새벽	휘	揮	휘두르다		戲	놀다
후	侯	임금		輝	빛나다		噫	슬프다
	候	기다리다	휴	携	끌다		熙	빛나다

8. 모양이 비슷한 한자

佳(가)	아름답다	佳作(가작)	季(계)	사철, 철	季節(계절)	己(기)	몸	利己(이기)
往(왕)	가다	往來(왕래)	秀(수)	빼어나다	秀才(수재)	已(이)	이미	已往(이왕)
住(주)	살다	住宅(주택)	委(위)	맡기다	委任(위임)	巳(사)	뱀	巳足(사족)
北(북)	북녘	南北(남북)	氷(빙)	얼음	氷水(빙수)	老(노)	늙다	老少(노소)
比(비)	견주다	比較(비교)	水(수)	물	水流(수류)	考(고)	생각하다	考察(고찰)
此(차)	이	此時(차시)	永(영)	길다	永遠(영원)	孝(효)	효도	孝誠(효성)
書(서)	책	新書(신서)	人(인)	사람	善人(선인)	島(도)	섬	落島(낙도)
晝(주)	낮	晝夜(주야)	入(입)	들다	出入(출입)	烏(오)	까마귀	烏鵲(오작)
畵(화)	그림	畵家(화가)	八(팔)	여덟	八萬(팔만)	鳥(조)	새	鳥獸(조수)
間(간)	사이	時間(시간)	犬(견)	개	犬馬(견마)	夫(부)	지아비	夫婦(부부)
聞(문)	듣다	見聞(견문)	大(대)	크다	大小(대소)	失(실)	잃다	得失(득실)
問(문)	묻다	問題(문제)	太(태)	크다	太古(태고)	矢(시)	화살	弓矢(궁시)
開(개)	열다	開拓(개척)	丈(장)	어른	丈夫(장부)	天(천)	하늘	天地(천지)
困(곤)	곤하다	困難(곤란)	刀(도)	칼	短刀(단도)	獨(독)	홀로	獨立(독립)
囚(수)	가두다	罪囚(죄수)	又(우)	또	又復(우부)	燭(촉)	촛불	華燭(화촉)
因(인)	인하다	原因(원인)	叉(차)	갈래	交叉(교차)	濁(탁)	흐리다	淸濁(청탁)
干(간)	방패	干涉(간섭)	冒(모)	무릅쓰다	冒險(모험)	徒(도)	무리	學徒(학도)
千(천)	일천	三千(삼천)	胃(위)	밥통	胃腸(위장)	徙(사)	옮기다	移徙(이사)
于(우)	어조사	于先(우선)	冑(주)	투구	甲冑(갑주)	從(종)	좇다	從業(종업)
各(각)	각각	各種(각종)	看(간)	보다	看過(간과)	甲(갑)	갑옷	甲兵(갑병)
名(명)	이름	地名(지명)	着(착)	입다	着服(착복)	申(신)	말하다	申告(신고)

客(객)	손님	客室(객실)	巨(거)	크다	巨大(거대)	今(금)	이제	今日(금일)
容(용)	얼굴	容色(용색)	臣(신)	신하	忠臣(충신)	令(령)	명령	命令(명령)
惜(석)	애석하다	惜別(석별)	童(동)	아이	童子(동자)	兩(량)	둘	兩面(양면)
借(차)	빌리다	借用(차용)	重(중)	무겁다	輕重(경중)	雨(우)	비	雨衣(우의)
旅(려)	나그네	旅行(여행)	末(말)	끝	本末(본말)	眠(면)	잠자다	不眠(불면)
族(족)	겨레	民族(민족)	未(미)	아니다	未來(미래)	眼(안)	눈	眼目(안목)
明(명)	밝다	明暗(명암)	反(반)	돌이키다	反省(반성)	土(토)	흙	土地(토지)
朋(붕)	벗	朋友(붕우)	友(우)	벗	友情(우정)	士(사)	선비	士林(사림)
戊(무)	천간	戊戌(무술)	待(대)	기다리다	期待(기대)	設(설)	베풀다	設備(설비)
戌(술)	지지	戌時(술시)	侍(시)	모시다	侍女(시녀)	說(설)	말씀	說明(설명)
雪(설)	눈	降雪(강설)	深(심)	깊다	深山(심산)	亦(역)	또한	亦是(역시)
雲(운)	구름	雲海(운해)	探(탐)	찾다	探究(탐구)	赤(적)	붉다	赤色(적색)
午(오)	낮	正午(정오)	玉(옥)	구슬	玉石(옥석)	日(일)	날, 해	日出(일출)
牛(우)	소	牛馬(우마)	王(왕)	임금	王位(왕위)	曰(왈)	가로다	子曰(자왈)
材(재)	재목	木材(목재)	情(정)	뜻	母情(모정)	閉(폐)	닫다	開閉(개폐)
村(촌)	마을	漁村(어촌)	淸(청)	맑다	淸風(청풍)	閑(한)	한가하다	閑人(한인)
苦(고)	쓰다	苦痛(고통)	官(관)	벼슬	官職(관직)	丘(구)	언덕	丘陵(구릉)
若(약)	만약, 같다	若干(약간)	宮(궁)	궁궐	宮女(궁녀)	兵(병)	군사	兵馬(병마)

勸(권)	권하다	勸學(권학)	奴(노)	종	奴婢(노비)	飯(반)	밥	飯床(반상)
歡(환)	기쁘다	歡呼(환호)	如(여)	같다	如意(여의)	飮(음)	마시다	飮料(음료)
復(복)	회복하다	復歸(복귀)	思(사)	생각	思想(사상)	帥(수)	장수	將帥(장수)
複(복)	겹옷	複雜(복잡)	恩(은)	은혜	恩功(은공)	師(사)	스승	恩師(은사)
與(여)	주다	授與(수여)	弟(제)	아우	兄弟(형제)	刑(형)	형벌	刑罰(형벌)
興(흥)	일다	興亡(흥망)	第(제)	차례	第一(제일)	形(형)	모양	形象(형상)

【참고】 Chat GPT가 답한 '한자를 잘 외우는 법' 일부

1. 한자의 기원과 역사 이해하기
 한자는 그 의미와 형태가 중국에서 기원한 것이기 때문에 한자의 역사와 발전 과정에 대한 이해는 한자를 외우는 데 큰 도움이 됩니다. 한자의 구성 요소와 상호 관계, 한자의 음과 의미의 관련성을 이해하면 더욱 쉬워질 수 있습니다.

2. 한자를 효율적으로 분류하기
 한자를 단순히 외우기보다는 의미와 구조에 따라 분류하여 학습하는 것이 도움이 됩니다. 의미, 구성 요소, 발음 등 다양한 관점에서 분류하고 정리하면 더욱 효율적일 수 있습니다.

3. 관련 단어와 연관 짓기
 한자를 외울 때는 관련된 단어나 표현들과 연결하여 외우는 것이 도움이 됩니다. 예를 들어, 한자의 의미와 비슷한 뜻을 가진 한자들을 함께 외우거나, 특정 주제나 분야에 관련된 한자들을 함께 공부하는 것이 좋습니다.

4. 반복하고 복습하기
 한자를 외울 때는 반복과 복습이 필수입니다. 정기적으로 한자를 반복해서 복습하고, 자주 사용되는 한자들을 자주 복습하는 것이 중요합니다. 한자를 긴 시간 동안 외우려고 하지 말고, 짧은 시간 동안 반복하여 외워 나가는 것이 좋습니다.

5. 실생활에서 활용하기
 한자를 외운 후에는 실생활에서 활용해보는 것이 좋습니다. 한자를 본문이나 문장에 적용해보거나, 한자를 이용한 단어 게임이나 문제를 풀어보는 등의 방법으로 한자를 실제로 사용해보면 기억에 더욱 잘 남을 수 있습니다.

6. 관련 자료와 도구 활용하기
 한자를 공부할 때 관련된 자료와 도구들을 활용하는 것도 좋은 방법입니다(한자 사전, 한자 학습 앱, 한자 학습 웹사이트)

03 | 한자어(漢字語)

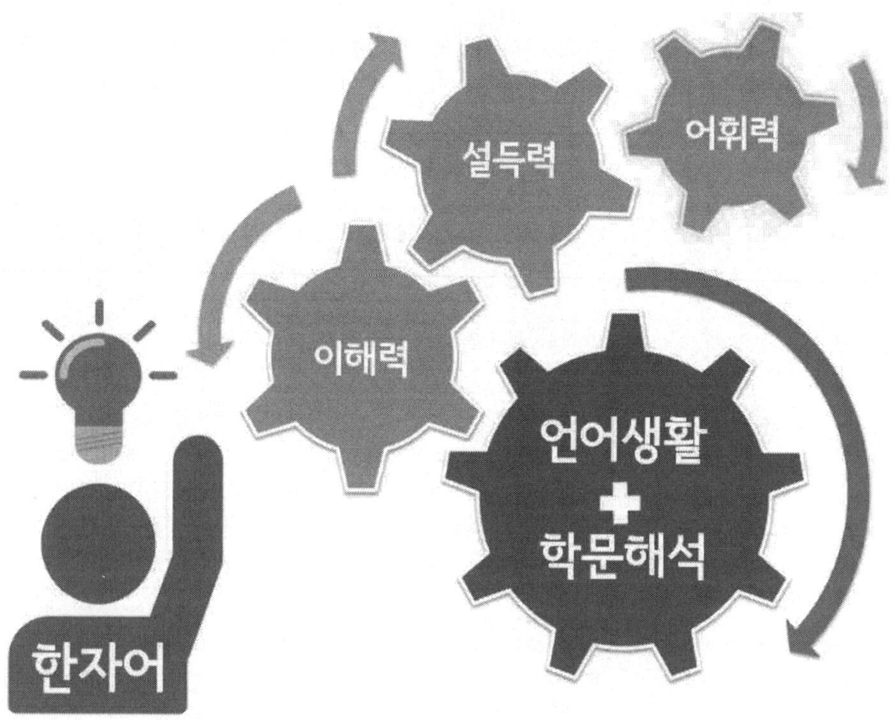

1. 일상에서 볼 수 있는 한자어(사회)

1	가채연수(可採年數)	채굴[採] 가능한[可] 기간[年數]. 가채매장량(확인 매장량의 80%)을 현재의 산출 수준으로 채굴할 경우 소요되는 연수.
2	간빙기(間氷期)	빙하기[氷] 사이의[間] 시기[期]. 빙하기 사이에 한 때 기후가 온화해져서 빙하가 고위도 지방까지 퇴각하였던 시기.
3	간척(干拓)	바다 따위를 막고 물을 빼어[干] 넓힘[拓]
4	감입곡류하도(嵌入曲流河道)	깊이 파[嵌] 들어가[入] 굽어진[曲] 흐름에[流] 의해 생긴 물[水] 길[道]. 신생대 이전에 형성된 자유 곡류 하천이 신생대 제3기의 비대칭적 요곡 운동에 의해 융기될 때, 원래의 유로를 따라 깊이 하곡을 파서 형성된 물길.
5	개발도상국(開發途上國)	개발되어[開發] 가는 길[途] 위에[上] 있는 나라[國]. 생산 기술이나 지식 및 제도가 선진국에 비해 뒤떨어져 있으며 선진국의 상태를 뒤따라서 발전해 가고 있는 나라.
6	경동지형(傾動地形)	기울며[傾] 움직여[動] 생긴 땅의[地] 모양[形]. 한쪽이 급경사인 단층애로 이루어져 있고 그 반대쪽은 완만한 경사면을 가지는 비대칭적인 산지.
7	고랭지농업(高冷地農業)	위치는 높고[高] 온도는 낮은[冷] 곳의[地] 농업[農業]. 기온이 낮은 600~1000m의 고지대에서 이루어지는 농업
8	고산기후(高山氣候)	높은[高] 산에서[山] 발생하는 기후[氣候]. 높이에 따라 열대, 온대, 한 대기후가 차례로 나타나는 기후.
9	고원(高原)	높은[高] 지대의 벌판[原]. 보통 해발 고도가 600m 이상의 높이를 갖는 지형.
10	관개(灌漑)	논밭을 경작하는 데 필요한 물을 끌어댐[灌漑]
11	근교농업(近郊農業)	도시 밖[郊] 가까운 곳의[近] 농업[農業]
12	대동여지도(大東輿地圖)	우리나라[大東] 땅의[輿地] 지도[圖]. 1861년 김정호가 제작한 우리나라 지도.
13	등고선(等高線)	높이가[高] 같은 곳을[等] 연결한 선[線]
14	배산임수(背山臨水)	산을[山] 등지고[背] 물에[水] 임함[臨]. 촌락이 산을등지고 냇물에 가까운 곳에 들어선다는 말.

15	배후습지(背後濕地)	제방 뒤의[背後] 축축한[濕] 땅[地]. 자연 제방 뒤에 나타나는 늪과 못이 있는 땅.
16	백두대간(白頭大幹)	백두산에서[白頭] 이어진 큰[大] 산의 줄기[幹]. 백두산에서 지리산까지 이어지는 한반도에 가장 크고 긴 산줄기.
17	범람원(汎濫原)	물에 뜨거나[汎] 넘치는[濫] 가운데 퇴적되어 생겨난 벌판[原].
18	본초자오선(本初子午線)	북쪽과[子] 남쪽을[午] 연결한 기준이[本初] 되는 선[線]
19	사빈(砂濱)	모래로[砂] 이루어진 바닷가[濱]. 해안에 모래가 쌓여서 형성된 해안 퇴적 지형. 주로 해수욕장으로 사용됨.
20	산촌(散村)	집들이 여기저기 흩어져[散] 있는 마을[村]
21	삼각주(三角洲)	삼각형으로[三角] 이루어진 섬[州]. 하천이 바다로 유입할 때 유속이 감소함에 따라 운반물질이 퇴적되어 이루어진 지형
22	삼한사온(三寒四溫)	3일은[三] 춥고[寒] 4일은[四] 따뜻함[溫]. 우리나라, 중국의 동부·북부 지방에서 겨울의 기온이 7일간의 주기로 변화하는 현상.
23	석주(石柱)	기둥 모양의[柱] 석회석[石]. 석회동굴 천장이나 벽면을 타고 흘러내리는 탄산칼슘이 침전 혹은 싸형 발달된 것.
24	선상지(扇狀地)	부채꼴[扇] 모양의[狀] 땅[地]. 산지에서 평지로 나오는 경사 급변점인 골짜기의 입구를 중심으로 하천이 운반된 토사가 쌓여 형성된 부채꼴 모양의 퇴적 지형.
25	식생(植生)	식물의[植] 생태[生]. 지구의 지표 상에 분포한 각종 식물.
26	실측도(實測圖)	실제로[實] 측량한[測] 지도[圖]
27	아열대기후(亞熱帶氣候)	열대에[熱帶] 버금가는[亞] 기후[氣候]. 열대기후는 연평균기온이 18℃이상이고, 아열대는 열대와 온대의 중간지역으로 기온은 높으나 비가 적은 곳이 많아 사막이나 초원이 많음.
28	양식업(養殖業)	길러서[養] 번성시키는[殖] 일[業]. 바다를 농경지와 같이 이용하여 어패류를 기르는 어업.
29	연안류(沿岸流)	해안을[岸] 따라[沿] 흐르는 해류[流]
30	열섬현상(熱섬現象)	열기 때문에[熱] 그 지역만 외딴 섬처럼[섬] 달라지는 현상[現象]. 도심지역의 기온이 변두리 지역의 기온보다

		높은 기후현상.
31	영해(領海)	다스리는[領] 바다[海]. 또는 한 국가의 통치권이 미치는[領] 바다[海].
32	온대기후(溫帶氣候)	따뜻한[溫] 지대에서의[帶] 기후[氣候].
33	용식(溶蝕)	녹여[溶] 침식함[蝕]. 탄산칼슘 같은 가용성 광물이 화학적으로 용해되고 흐르는 물에 의해 제거되는 현상.
34	용암대지(鎔巖臺地)	용암에[鎔巖] 의해 이루어진 높고 평평한[臺] 곳[地]. '대지'는 주변의 지형보다 높고 평평한 땅을 말함.
35	우각호(牛角湖)	소[牛] 뿔[角] 모양의 호수[湖]. 자유곡류하천의 물길이 변결될 때 종전 물길의 일부가 그대로 남아서 형성된 쇠뿔 모양의 호수
36	원양어업(遠洋漁業)	먼[遠] 바다에서의[洋] 어업[漁業]. 고향을 떠나 멀리 대양에서 고기를 잡는 일.
37	육반구(陸半球)	지구를[球] 반으로[半] 나누었을 때 대부분 육지인[陸] 지역
38	융기(隆起)	높이 솟아[隆] 올라옴[起]. 지각이 넓은 범위에 걸쳐 상승하는 것.
39	이모작(二毛作)	곡식을[毛] 일년에 두 번[二] 경작함[作]. 한 경지에서 농작물을 수확한 후 다른 농작물을 계속해서 경작하는 농경형태. 그루갈이라고도 함.
40	이수해안(離水海岸)	물에서[水] 멀리 떨어진[離] 바닷가[海岸]. 지반이 융기하거나 해수면이 낮아진 해안.
41	이심현상(離心現象)	중심에서[心] 벗어나는[離] 현상[現象]. 도시의 시설물이나 인간 활동이 중심 지점에서 덜 복잡한 도시의 외부지역으로 분산되는 현상.
42	이촌향도(離村向都)	농어촌의 마을을[村] 떠나[離] 도시로[都] 향함[向]
43	인구공동화(人口空洞化)	도심 지역의 사람이[人口] 비는[空洞化] 현상. 대도시의 중심부는 지가가 상승하여 일반주택이 도심 외곽으로 이전하게 되고 이로 인해 도시에 주간인구에 비해 야간인구가 감소하는 현상.
44	일교차(日較差)	하루 동안에[日] 최고 기온과 최저 기온을 비교하여[較] 나타나는 차이[差]
45	재래공업(在來工業)	그 전부터 있었고[在] 지금까지 전해오는[來] 공업[工業]
46	적조현상(赤潮現象)	붉은[赤] 조류가[潮] 나타나는 모습[現象]. 바다 속의 플랑크톤이 비정상적으로 증식하여 바닷물이 붉게 되는 현상.
47	점이지대(漸移地帶)	점점[漸] 변해가는[移] 땅의[地] 구역[帶]. 한 개의 지리

		적 특색을 나타내는 지역과 또 다른 특색을 나타내는 지역과의 사이에 위치하여 그 중간적 형태를 나타내는 지역.
48	종유석(鐘乳石)	종[鐘] 및 젖[乳] 모양처럼 생긴 석회석[石]. 석회동굴 속 천장에서부터 아래로 드리워져 있는 젖모양의 돌.
49	주상절리(柱狀節理)	기둥[柱] 모양의[狀] 마디마디[節] 결을 따라[理] 생긴 틈. 현무암이 냉각, 수축하면 5각형 내지 6각형 기둥모양으로 만들어지는 수직 틈.
50	진촌(鎭村)	전략상의 중요한[鎭] 마을[村]. 신라 때 청해진, 당성진, 조선 때 4군6진 등.
51	집적이익(集積利益)	모으고[集] 쌓는 데서[積] 생기는 이익[利益]. '집적'은 특정 장소에 집중하는 현상을 말함.
52	집촌(集村)	많은 집들이 모인[集] 마을[村]
53	천일제염(天日製鹽)	하늘의[天] 해를[日] 이용해 소금을[鹽] 만듦[製].
54	청정수역(淸淨水域)	맑은[淸淨] 물의[水] 경계[域]. 1974년 한미위생협정에 따라 해수오염의 방지를 목적으로 설정된 수역. 거제도~통영~한산도에 이르는 수역.
55	축척(縮尺)	길이를[尺] 줄인[縮] 것. 지리적인 정보를 실제 크기로 지도에 표현할 수 없어 일정한 비율로 줄인 것.
56	취락(聚落)	사람들이 모여 형성된 마을[聚落]
57	침엽수림(針葉樹林)	잎이[葉] 바늘같이[針] 생긴 나무로[樹] 이루어진 숲[林]
58	택리지(擇里志)	사람 살기 좋은 곳을[里] 가려놓은[擇] 기록[志]. 18세기 중엽 이중환이 저술한 우리나라 인문 지리서.
59	편서풍(偏西風)	서쪽으로[西] 치우쳐[偏] 부는 바람[風]. 아열대 고압대에서 고위도 저압대로 부는 바람.
60	하상계수(河狀係數)	강물의[河] 상태와[狀] 관계된[係] 숫자[數]. 가뭄 때 최소 유량과 홍수 때 최대 유량의 비율.
61	하안단구(河岸段丘)	하천[河] 양쪽 언덕에[岸] 이루어진 계단처럼[段] 높아진 언덕[丘]
62	혼일강리역대국도지도(混一疆理歷代國都之圖)	마을의 경계뿐만[疆理] 아니라, 역대[歷代] 나라의[國] 도읍을[都] 하나로 모아서 만든[混一之] 지도[圖]. 1402년 김사형, 이무, 이회 등이 만든 우리나라 최조의 지도이자 동양에서 가장 오래된 세계지도.
63	황사현상(黃砂現象)	누런[黃] 빛깔의 모래가[沙] 날아오는 현상[現象]. 봄철에 중국 대륙으로부터 우리나라로 먼지와 같은 가는 입자의 모래가 날아오는 현상
64	가석방(假釋放)	임시로[假] 죄인을 풀어[釋] 놓아줌[放]. 완전히 석방하

		는 것이 아니라 임시로 석방하여 행정 관청이 보호관찰하는 것을 말함.
65	감가상각비(減價償却費)	떨어지는[減] 값어치[價] 만큼 배상하기 위해서[償] 덜어놓는[却] 비용[費]. 예를 들어, 기계설비 등의 고정자산은 시간이 경과하면서 성능이 소모되어 가치가 떨어지는데, 고정자산의 주인은 물건에 대한 투자비용을 회수하기 위해서 그 떨어지는 가치를 배상하기 위해 고정자산에서 생산한 제품의 원가에 별도로 포함시키는 비용.
66	감사(監査)	살피고[監] 조사함[査]. 특정 기업의 기록과 보고서를 검토하는 것.
67	경상거래(經常去來)	항상 일정하게[常] 변하지 않는[經] 거래[去來]. 국제적으로 돈을 꿔주고 받는 자본거래가 아닌 특별한 사유가 없는한 항상 거래가 이루어지는 경제 활동 전반에 관한 모든 거래.
68	공동체(共同體)	함께[共] 하나처럼[同] 생활하는 집단[體]
69	공시(公示)	공적으로[公] 널리 알림[示]. 어떠한 물건에 대해 소유자가 바뀔 경우 변동 사항에 대하여 누가 보아도 인정할 수 있게 공적인 방법으로 알리는 것.
70	공약(公約)	공적인[公] 약속[約]. 사회에 대해 이행하는 약속. 선거와 관련함.
71	공적부조(公的扶助)	나라에서 어려운 사람을 공적으로[公的] 도움[扶助]. 생활 능력이 없는 어려운 사람을 국가가 세금을 재원으로 최저한의 생활을 보장해주는 것.
72	과점(寡占)	소수의[寡] 몇몇 기업이 상품 시장을 독차지함[占]
73	과태료(過怠料)	공법상의 의무 이행을 게을리 한[怠] 사람에게 벌로[過] 물리는 돈[料]. 형벌인 벌금과 구별되는 것으로, 공법·행정법에 대한 위반자에게 부과하는 금전상의 벌.
74	관세(關稅)	수입하는 물건이 관문을[關] 통과할 때 내는 세금[稅]. 관문은 보통 나라에 들어가기 위한 문. 관세 부과의 이유는 수입품에 세금을 부과하여 소비자들이 국산품을 애용하고 국내 산업을 보호·육성하기 위함.
75	관습법(慣習法)	버릇처럼[慣] 익숙하게[習] 지켜지는 법[法]
76	교사(教唆)	죄를 가르치고[教] 부추겨서[唆] 타인에게 범죄 행위를 하게 함.
77	구속적부심(拘束適否審)	구속[拘束] 하는 것이 적당한가[適] 그렇지 않은가를[否] 심사하는[審] 것. 체포나 구속을 당했을 때 구속자 본인, 변호인, 그 배우자, 형제 등이 구속 적부의 심사를 법원에 청구하는 것.
78	국민소환(國民召還)	국민이[國民] 직접 선출된 대표를 불러내는 것[召還].

		국민이 부적격한 대표자를 불러내서 투표를 다시 실시하여 국민을 위한 새로운 대표자를 뽑고 부적격한 국민대표를 그 직위에서 물러나게 하는 제도
79	국민연금(國民年金)	전 국민에게[國民] 시행하는 연금[年金] 제도. 퇴직을 하기 전 소득액의 일정 부분을 미리 떼어 적립해 두었다가 퇴직한 후 생계를 계속 보장받기 위하여 만든 제도.
80	귀속지위(歸屬地位)	자신이 태어날 때부터 속한[屬] 무리에 귀착되는[歸] 지위[地位]. 개인의 능력이나 노력과는 상관없이 자연적으로 얻어지는 지위.
81	근로기준법(勤勞基準法)	근로[勤勞] 조건의 기준이[基準] 되는 법[法]
82	금융실명제(金融實名制)	금융[金融] 거래에 있어서 거래자의 실제[實] 이름을[名] 쓰는 제도[制]
83	기간산업(基幹産業)	토대가[基] 되고 근본이[幹] 되는 산업[産業]. 모든 산업에 있어서 바탕이 되는 산업. 석탄, 석유, 원자력, 비료, 시멘트, 도로, 철도 등의 산업이 이에 속함.
84	기축통화(基軸通貨)	서로 다른 화폐를 사용하는 나라끼리 거래를 결제할 때 각 나라의 화폐 가치를 조정할 수 잇도록 기본적인[基] 축으로[軸] 설정하여 놓고 거래하는 화폐[通貨]. 국제간 무역에서 결제할 때 사용할 수 있는 기본적인 통화, 즉 달러($)를 말함.
85	기회비용(機會費用)	여러 가능성 중 하나를 선택함으로써 포기한 기회에[機會] 대한 비용[費用]. 어떤 이득이 생기는 일 가운데에서 그 중 하나를 포기했을 때, 그 이득을 포기함으로써 손실되는 비용.
86	누진세(累進稅)	기준에 따라 점점 높은 세율을 쌓아서[累] 거두는[進] 세금[稅]. 상속세나 소득세처럼 누진율을 부과하여 능력에 따른 부담을 원칙으로 하는 세금.
87	담보물권(擔保物權)	물건을[物] 맡아서[擔] 보호할 수 있는[保] 권리[權]. 돈을 갚아야 할 사람이 그 능력이 없을 때 그 빚에 해당하는 물건을 소유하는 것.
88	담합(談合)	서로 미리 이야기하여[談] 의견을 맞춤[合]. 공사를 위하여 공개 입찰을 할 경우 입찰자들끼리 미리 상의하여 거짓으로 계산하거나 미리 입찰 가격을 협정해 놓거나 해서 업체들끼리 돌려먹기 식으로 공사를 맡는 것.
89	면책특권(免責特權)	책임에서[責] 벗어날[免] 수 있는 특별한[特] 권리[權]. 국회의원이 국회에서 직무상 행한 발언과 표결에 대해 국회 밖에서 책임을 지지 않는 것.
90	몰가치적(沒價値的)	가치가[價値] 없는[沒的]

91	무고죄(誣告罪)	없는 죄를 있는 것처럼 꾸며서[誣] 고발하는[告] 죄[罪]
92	법률불소급(法律不遡及)	새로 제정된 법률은[法律] 지나간 일에까지 거슬러 올라가[遡] 효력을 미치지[及] 않음[不].
93	복권(復權)	권리를[權] 회복시켜[復] 줌. 형의 선고로 일정한 자격을 잃었거나 정리된 자의 자격을 다시 회복시켜 주는 것.
94	부가가치(附加價値)	생산 과정에서 새롭게 붙어[附] 더해진[加] 가치[價値]
95	비례대표제(比例代表制)	정당의 총 득표수에 비례하여[比例] 대표를[代表] 선출하는 제도[制]
96	사대주의(事大主義)	큰 나라를[大] 섬기는[事] 주의[主義].
97	세출(歲出)	국가에서 한해에[歲] 나가는[出] 돈. 1년 동안 국가가 지출하는 총 액수 ↔ 세입
98	속지주의(屬地主義)	법을 적용할 때 사건이 발생한 지역을[地] 따르는[屬] 주의[主義]. 자국 영토 내에서 저지른 범죄에 대해 자국의 형법을 적용시키는 것.
99	수정자본주의(修正資本主義)	자본주의[資本主義]의 수정을[修正] 통하여 자본주의의 모순을 해결할 수 있다는 주의[主義]. 자본주의의 문제점인 독점재벌 횡포, 부익부 빈익빈, 실업자, 환경 문제를 해결하기 위해 국가가 직접 경제에 개입하는 방안. 미국에서 시작된 세계 대공황이 계기가 됨.
100	수지(收支)	수입과[收] 지출[支]
101	원고(原告)	사건을 법원에 고발한 또는 알린[告] 당사자[原]. 법원에 소송을 제기한 사람.
102	자회사(子會社)	아들과[子] 같은 회사[會社]. 보통 주식회사 체계에서 나오는 말로, 예를 들어 A주식회사의 주식 중 50%가 넘는 지분을 B회사가 소유하고 있다면 A회사는 자회사, B회사는 모회사가 됨.
103	재사회화(再社會化)	사회화의[社會化] 과정을 다시[再] 받음. 노인대학, 평생교육원, 연수원들에서의 교육이 재사회화를 위한 과정.
104	쟁의(爭議)	서로 다른 의견으로 다투고[爭] 해결책을 찾기 위하여 의논함[議]
105	전매(專賣)	어떠한 물건을 홀로 독점해서[專] 팖[賣]. 국가에 의해 공적으로 독점하는 상거래. 담배, 인삼이 이에 속함.
106	준거집단(準據集團)	한 개인이 생각하고 행동할 때 기준을[準] 두고 의지하는[據] 집단[集團].
107	지급준비금	은행에서 지급을[支給] 위하여 미리 준비하고[準備] 있

	(支給準備金)	는 돈[金]. 은행은 예금자가 예금 인출을 요구하면 언제든지 지급을 해야 하기에, 항상 일정정도의 보유하고 있는 현금을 말함.
108	지방재정교부금(地方財政交付金)	지방의[地方] 재정을[財政] 돕기 위하여 중앙 정부가 주는[交付] 돈[金]. 중앙 정부는 각각의 도시가 특색 있고 균형 있게 발전할 수 있도록 각 지방의 빈약한 재정을 보충하기 위해 교부하는 재정.
109	참정권(參政權)	정치에[政] 참여할[參] 수 있는 권리[權]. 국민이 국가의 구성원으로서 국가의 통치에 참여할 수 dT는 능동적인 권리.
110	채권(債權)	빚을[債] 받을 권리[權]. 돈을 빌려간 사람이 약속한 날짜에 갖지 않을 경우 빚을 갚으라고 할 수 있는 권리.
111	천부인권(天賦人權)	인권은[人權] 하늘이[天] 내려주었다고[賦]하는 사상. 어떤 사람이든 누구로부터 간섭받지 않는 개인의 자유와 평등에 관한 권리는 하늘이 부여했다는 사상.
112	추가경정(追加更正)	이미 계획한 예산에서 모자란 부분을 보충해서[追] 더하여[加] 고쳐서[更] 바로잡는[正] 예산. 처음 계획했던 국가(또는 기관) 예산이 맞지 않을 때, 수정 보완한 예산을 세워 지출이 되게 하는 것. 보통 '추경'이라고도 함.
113	치외법권(治外法權)	다스리는[治] 범위의 밖에[外] 법을[法] 적용 받을 권리[權]. 외국인이 자신이 머물고 있는 국가의 국내법으로부터 면제되어 재판·과세·경찰로부터 면제 등을 인정하는 것. 보통 외국의 국가원수, 외교사절 등이 이에 속함.
114	친고죄(親告罪)	피해를 당한 자신이 친히[親] 알려야만[告] 재판이 진행될 수 있는 범죄[罪]. 현재 친고죄에 해당하는 것은 사자명예훼손죄, 비밀침해죄, 모욕죄, 친족간의 재산죄, 저작권법 위반죄 등이 있음.
115	탄핵(彈劾)	죄를 따지고[彈] 조사함[劾]. 대통령·국무총리·국무 위원·법관 등의 위법에 대하여 국회의 소추에 따라 헌법재판소의 심판으로 해임하거나 처벌하는 일.
116	판례(判例)	재판의[判] 앞선 판결 사례[例]. 동일 사건에 대하여 앞선 판결 사례에 남은대로 같이 집행을 한다는 것.
117	피의자(被疑者)	의심을[疑] 당하는[被] 사람[者]. 수사 기관에 의해 수사의 대상이 되는 자이나 정식적으로 재판에 회부된 사람은 아님.
118	하도급(下都給)	아래로[下] 모두[都] 줌[給]. '도급'은 일정한 기일 안에

		완성해야할 일의 양이나 비용을 미리 정하고 그 일을 모두 몰아 주는 것을 말함. 하도급은 자신보다 아래에 있는 사람에게 도급을 한다는 의미. =하청
119	형이상학(形而上學)	눈으로 볼 수 없는 형체,[形] 그 이상의[而上] 정신적인 차원의 학문[學]. 형체가 없는 무형의 것으로, 겉으로 드러나지 않는 정신, 감각으로는 그 존재를 파악할 수 없는 시간이나 공간을 초월한 관념적인 것을 연구하는 학문
120	희소가치(稀少價値)	드물고[稀] 적기[少] 때문에 인정되는 가치[價値]

2. 일상에서 볼 수 있는 한자어(과학)

1	가설(假說)	임시로[假] 정한 이론[說]
2	가속도(加速度)	단위 시간 동안 속도의[速度] 증가 값[加]
3	가시광선(可視光線)	눈으로 볼 수 있는[可視] 광선[光線]
4	간섭(干涉)	파동끼리 겹쳐짐[干涉]. 2개 이상의 파동이 한 점에서 만날 때, 그 점에서 파가 서로 상쇄되거나 보강되는 현상.
5	검증(檢證)	검사하여[檢] 증명함[證]
6	공명(共鳴)	외부 음파와 함께[共] 같은 진동수로 울림[鳴]. 물체가 진동할 때 그 물체의 고유 진동수와 같은 진동수를 가진 외력이 주기적으로 주어지면 진폭이 계속 증가하는 현상.
7	관성(慣性)	그대로 유지하려는[慣] 성질[性]
8	관찰(觀察)	주의 깊게 보고[觀] 살핌[察]
9	교류(交流)	주기적으로 바뀌어[交] 흐르는 전류[流]. 시간에 따라 방향이 주기적으로 바뀌어 흐르는 전류 또는 전압.
10	구심력(求心力)	원의 중심으로[心] 향하여[求] 작용하는 힘[力]
11	궤도(軌道)	물체가 운동한[軌] 길[道]
12	대전(帶電)	전기를[電] 띰[帶]. 어떤 물체가 전기를 띠는 현상을 가리키는 말.
13	도체(導體)	전기를 통하게[導] 하는 물질[體]
14	만유인력(萬有引力)	모든 물체[萬有] 사이에서 서로 끌어당기는[引] 힘[力]. '만유'는 우주에 존재하는 온갖 물건을 뜻함.
15	매질(媒質)	중간에 전해 주는 역할을[媒] 하는 물질[質]. 물리적 작용을 하는 곳에서 다른 곳으로 전해 주는 매개물.
16	복사(輻射)	바큇살 모양으로[輻] 쏨[射]. 열이나 전자기파가 물체로부터 바큇살처럼 내쏘는 현상 =방사
17	분극(分極)	전극이[極] 나누어져[分] 생김. 절연체를 전기장에 놓을 때 그 물체 양쪽 끝에 양(+)전기와 음(-)전기가 나타나는 현상.
18	비중(比重)	물의 무게와[重] 비교되는 값[比]
19	원심력(遠心力)	가운데로부터[心] 멀어지는[遠] 바깥쪽으로 작용하는 힘[力]
20	입사각(入射角)	입사할 때의[入射] 각도[角]. 어떤 매질 속을 지나가는 빛이나 파동의 진행 방향과 다른 매질의 경계면과 직각을

		이루는 법선과의 각을 말함.
21	자기부상열차(磁氣浮上列車)	자석의[磁] 기운으로[氣] 위로[上] 떠서[浮] 가는 열차[列車]
22	자기장(磁氣場)	자석의[磁] 기운이[氣] 미치는 공간[場]
23	자외선(紫外線)	자줏빛[紫] 가시광선 바깥에[外] 있는 선[線]. 가시광선 중 파장이 가장 짧은 자줏빛 영역 바깥에 있어 붙여진 이름.
24	장력(張力)	끌어당기는[張] 힘[力]. 물체 내의 임의의 면에 대해 수직 방향으로 양쪽에서 끌어당기는 힘.
25	저항(抵抗)	전류의 흐름을 막아[抵] 대항하는[抗] 값. 전류가 흐르기 어려운 정도를 나타낸, 단위를 Ω(오옴)으로 표시하는 값.
26	적외선(赤外線)	붉은 색[赤] 가시광선 바깥에[外] 있는 선[線]. 가시광선 중 파장이 가장 긴 붉은 색 영역 바깥에 있다고 하여 붙여진 이름.
27	전위(電位)	전기적[電] 위치[位] 에너지. 단위 전하의 전기적 위치 에너지를 말함.
28	전하(電荷)	전기를[電] 띰[荷]. 물체가 띠고 있는 정전기의 양을 가리키는 말.
29	절연체(絶緣體)	전기를 통하지[緣] 않게[絶] 하는 물질[體]. =부도체
30	정전기(靜電氣)	흐르지 않고 머물러 있는[靜] 전기[電氣]
31	중력(重力)	지구의 중심 방향으로 끌어당기는[重] 힘[力]
32	직류(直流)	변화하지 않고 일정하게[直] 흐르는 전류[流]. 회로의 속을 일정한 방향으로 흐르는 전류를 가리키는 말.
33	진폭(振幅)	진동하는[振] 폭[幅]. 진동하는 물체가 정지하고 있을 때를 기준으로 가장 많이 이동한 거리.
34	질점(質點)	질량이[質] 모여 있다고 보는 점[點]. 물체의 크기를 무시하고 질량이 모여 있다고 보는 점.
35	초음파(超音波)	귀로 들을 수 없는[超] 음파[音波]. 진동수가 매초 20,000 이상의 음파.
36	탄성(彈性)	외부 힘에 의해 변하였다가 튕겨서[彈] 원래대로 돌아가려는 성질[性]. 다른 힘에 의하여 물체의 부피나 모양이 변한 상태에서 처음으로 되돌아가는 성질.
37	투과(透過)	물질의 내부를 꿰뚫고[透] 지나감[過]. 구멍을 내거나 찢지 않고 광선 등이 물질의 내부를 통과하는 것.
38	파장(波長)	파동의[波] 길이[長]. 물결같이 퍼져 가는 현상인 파동에서 서로 이웃한 두 점 사이의 거리를 가리키는 말.

39	가계도(家系圖)	집안의[家] 이어져 있는[系] 관계를 그린 그림[圖] 혈연이나 혼인 관계 따위의 한집안의 계통을 그린 그림
40	감수분열(減數分裂)	숫자가[數] 줄어드는[減] 세포 분열[分裂]. 염색체의 수가 반으로 줄어드는 생식 세포 분열.
41	개체(個體)	독립된[個] 생명체[體]
42	공변세포(孔邊細胞)	기공의[孔] 변두리에[邊] 있는 세포[細胞]. 기공을 싸고 있는 세포로, 식물체 안의 수분의 양에 따라 기공을 열고 닫아 수분을 조절하는 일을 함.
43	광합성(光合成)	빛과[光] 합해지면서[合] 이루어지는[成] 작용
44	군집(群集)	무리가[群] 모여[集] 생활함. 같은 종류의 생물이 한 군데에 떼지어서 생활하는 형태.
45	기공(氣孔)	기체가[氣] 드나드는 구멍[孔]. 식물체의 표면에 있는 기체가 드나드는 통로인 작은 구멍.
46	내성(耐性)	견뎌 내는[耐] 성질[性]. 바이러스 등이 일정한 약물에 견뎌내는 성질.
47	내호흡(內呼吸)	몸속[內] 체액과 조직 세포 사이에서 일어나는 호흡[呼吸]. 호흡이 일어날 때 체액과 좆기 세포 사이에서 산소와 이산화탄소를 교환하는 것. =세포호흡
48	녹말(綠末)	녹색 식물에서[綠] 만들어지는 가루[末] 같은 탄수화물
49	뇌하수체(腦下垂體)	뇌[腦] 아래에[下] 드리워져[垂] 있는 기관[體]. 하수는 아래로 늘어지거나 또 밑으로 드리워졌다는 말. 척추동물의 간뇌 밑에 있는 내분비 기관.
50	당뇨병(糖尿病)	오줌에[尿] 포도당을[糖] 배출하는 병[病]. 혈액 속의 당의 양이 정상보다 많을 때 소변을 통해 포도당을 배출하는 만성 질환.
51	대사(代謝)	바꾸고[代] 없앰[謝].생물의 체내에서 일어나는 물의 분해 및 합성작용
52	대조군(對照群)	둘 이상으로 맞대어[對] 본[照] 집합체[群]. 실험군 또는 실험구는 자연과학의 실험에서, 세운 가설을 검증하기 위해 실험 조건을 통제하여 실험을 수행하는 대상 집단.
53	독립변인(獨立變因)	홀로[獨] 세워[立] 성질이나 모습을 변화시키는[變] 원인[因]. 실험에서 관찰하고자 하는 주된 변인으로, 종속변인에 영향을 줌.
54	돌연변이(突然變異)	갑작스럽게[突然] 변하여[變] 달라짐[異]. 생물의 형질에 어버이의 계통에 없던 새로운 형질이 갑자기 출현하는 현상

55	동맥(動脈)	피가 활발히 움직이는[動] 혈관[脈]. 심장에서 몸의 각 부분으로 나가는 혈액이 흐르는 혈관.
56	동화작용(同化作用)	자체 고유의[同] 성분으로 변화시키는[化] 작용[作用]. 생물이 외부로부터 섭취한 물질을 자체 고유의 성분으로 변화시키는 작용.
57	면역(免疫)	병에 대한[疫] 저항력이[免] 생기는 일
58	모세혈관(毛細血管)	매우 가는 모양의[毛細] 혈관[血管]. 온몸에 그물처럼 퍼져 동맥와 정맥을 이어주는 혈관
59	삼투(滲透)	액체 따위가 스미어[滲] 들어감[透]. 농도가 다른 두 액체를 반투막으로 막아 놓았을 때, 농도가 낮은 쪽의 용매가 막을 통하여 농도가 높은 쪽으로 옮겨 가는 현상
60	상피조직(上皮組織)	겉면을[上] 덮어 주는 가죽[皮] 같은 조직[組織]. 동물의 몸 표면이나 혈과, 소화관, 호흡기 따위의 내면을 덮고 있는 조직.
61	생명공학(生命工學)	생명[生命]과 관련한 공학[工學] 생물의 기능이나 생명 현상을 인위적으로 조작하는 기술을 통틀어 이르는 말
62	생장점(生長點)	낳고[生] 자라게 하는[長] 부분[點]
63	생태계(生態系)	생물의 생활[生] 상태에[態] 관한 체계[系]. 생물의 군집과 그 환경을 합친 체계.
64	세포(細胞)	아주 작은[細] 생물의 구성 조직[胞]
65	숙주(宿主)	다른 생물이 기생할 수 있도록 머무르게 해 주는[宿] 주인 같은[主] 생물. 한쪽 생물이 다른 생물에 기생할 때 기생당하는 생물.
66	신경(神經)	뇌와 신체 사이에서 서로 내린 명령, 즉 영묘한 현상이[神] 지나가는[經] 곳. 몸의 각 부분으로붙의 감각을 뇌에 전하거나, 뇌의 명령을 신체의 각 부분에 전달하는 길다란 모양의 기관.
67	양서류(兩棲類)	물과 육지 양쪽에[兩] 서식하는[棲] 종류[類]. 개구리, 두꺼비, 도룡농 따위가 이에 속함.
68	염색체(染色體)	물들어져[染] 색칠된[色] 몸[體]. 체세포 분열이나 감수 분열의 과정에서 염기성 색소에 가장 뚜렷이 염색되는 여러 모양의 현미경적 구조
69	원형질(原形質)	근본이[原] 되는 형질[形質]. 동물의 정신이나 육체, 또는 식물의 여러 가관의 모양, 크기, 성질 등의 특질의 총칭
70	유전자(遺傳子)	남겨져[遺] 전해진[傳] 것[子]. 유전 형질을 규정하는 인자

71	이화작용(異化作用)	다르게[異] 변화시키는[化] 작용[作用]. 복잡하고 큰 물질을 분해하여 간단하고 작은 물질로 만드는 반응으로 반응물 속의 에너지가 방출되는 발열반응.
72	정맥(靜脈)	피가 고요하게[靜] 흐르는 혈관[脈]. 심장으로 들어가는 혈액이 흐르는 혈관.
73	종속변인(從屬變因)	주된 것에 딸려[從] 붙어[屬] 성질이나 모습이 변하는[變] 원인[因]. 독립변인에 의해 나타나는 결과로, 측정 또는 관찰하고자 하는 결과.
74	증산작용(蒸散作用)	증발하여[蒸] 흩어[散] 없어지는 작용[作用]. 식물의 뿌리에서 흡수된 수분이 기공을 통해 수증기로 바뀌어 배출되는 현상.
75	지방(脂肪)	기름 덩어리[脂肪]
76	천이(遷移)	식물의 집단이 바뀜[遷移]. 식물의 집단이 시간이 지남에 따라 변천하여 가는 현상
77	축삭돌기(軸索突起)	길게 뻗어 나온[軸索] 돌기[突起] 신경 세포의 두 가지 돌기 가운데 긴 돌기로, 흥분을 다음 신경 세포로 전도하는 작용을 함.
78	파충류(爬蟲類)	긁으며 기어다니는[爬] 벌레 같은[蟲] 종류[類]. 거북, 뱀, 악어 따위가 이에 속함.
79	항상성(恒常性)	항상[恒常] 일정하게 유지하려는 성질[性]. 체온이나 혈당량의 유지 등과 같이 몸의 내부 환경을 일정하게 유지하려는 성질.
80	항원(抗原)	항체를[抗] 형성시키는 물질[原]. 생체에 침입하여 항체를 형성시키는 단백성 물질.
81	핵산(核酸)	중심이 되는[核] 산성 물질[酸]. 알려져 있는 모든 생명체에 필수적인 생체고분자 또는 작은 생체분자.
82	혈압(血壓)	혈액이[血] 혈관의 벽을 누르는 힘[壓]
83	혈청(血淸)	피가[血] 엉길 때 분리되는 엷은 황색의 투명한[淸] 액체
84	효율(效率)	효과[效]의 비율[率]. 들인 힘과 노력에 대하여 실제로 얻은 효과의 정도를 나타내는 비율
85	흥분 전도(興奮傳導)	자극에 의해 일어나는 활동전위가[興奮] 일정한 방향으로 이동하여[傳] 옮겨감[導]. 흥분은 신체의 신경세포·근육세포·수용체세포 등이 자극을 받아 일어나는 활동 전위로, 전도는 신경세포 내에서 흥분이 이동하는 것.
86	흥분 전달(興奮傳達)	자극에 의해 일어나는 활동전위가[興奮] 일정한 방향으로 이동하여[傳] 도달함[達]. 전달은 신경세포에서 다른 신경세포로 흥분이 이동하는 것.
87	결정(結晶)	서로 엉기어[結] 있는 고체 물질[晶]. 일정한 기하학적

		모양에 끓는점, 녹는점이 일정한 고체 물질.
88	기화(氣化)	기체로[氣] 변화함[化]
89	농도(濃度)	용액의 짙은[濃] 정도[度]
90	밀도(密度)	물질의 빽빽한[密] 정도[度]. 보통 단위 부피당 물질의 질량.
91	발암물질(發癌物質)	암을[癌] 발생시키는[發] 물질[物質]
92	발화점(發火點)	불이[火] 붙는[發] 최저 온도[點]
93	방전(放電)	전기를[電] 내보냄[放]. 충전되어 있는 전지로부터 전류가 빠져 나가 쓸 수 있는 전력이 감소되는 현상.
94	산화(酸化)	산소가[酸] 화합함[化]. 어떤 물질에 산소가 화합하여 산소 수가 증가하는 것.
95	수용액(水溶液)	물에[水] 녹는[溶] 액체[液]. 용액 중에서 용매가 물인 것.
96	수화물(水化物)	물이[水] 다른 화합물에 결합하면서 생긴 화합물[化物]. 고체 결정을 이룰 때 물 분자를 포함하는 화합물로, 결정수를 의미함.
97	연금술(鍊金術)	각종 광물을 이용하여 금을[金] 만들려는[鍊] 기술[術]
98	연성(延性)	늘어나는[延] 성질[性]. 탄성 한계를 넘는 힘을 가해도 물체가 파괴되지 않고 늘어나는 금속의 성질.
99	용매(溶媒)	어떤 물질을 녹이는[溶] 매체[媒]
100	유기화합물(有機化合物)	기계적인 움직임이[機] 있는[有] 화합물[化合物]. '유기'는 생명력이 있는 물질을 의미함. 탄소와 수소를 반드시 포함하는 탄소 화합물을 총칭하는 말.
101	융해(融解)	녹아서[融] 풀어짐[解]. 고체에 열을 가해 액체로 변하게 함.
102	전해질(電解質)	물에 녹아서[解] 전기를[電] 전할 수 있게 되는 물질[質]. 물과 같은 극성 용매에 녹아서 양이온과 음이온으로 이온화되어 전기를 전도하는 물질.
103	중금속(重金屬)	비중이 높은 무거운[中] 금속[金屬]. 비중이 4~5 이상의 금속 원소. 납, 크롬, 수은 카드뮴, 금, 은, 구리 등이 이에 속함.
104	중성자(中性子)	양(+)이나 음(-)이 아닌 가운데[中] 성질을[性] 가진 입자[子]
105	중화(中和)	산과 염기가 반응하여 가운데[中] 성질로 화합함[和]
106	지시약(指示藥)	화학 반응에 있어서 어떤 상태인지를 보여주는[指示] 약품[藥].
107	촉매(觸媒)	접촉을[觸] 통해서 화학 반응하는 물질의 속도를 중간에서

		[媒] 조절하는 물질. 화학 반응이 일어날 때 자신은 변화하지 않으면서 다른 물질의 반응 속도만 변화시키는 물질.
108	치환(置換)	바꾸어[換] 둠[置]. 화합물 속의 원자, 이온, 기 등이 다른 원자, 이온, 기 등과 바뀌는 화학 변화의 일정.
109	침전(沈澱)	바닥에 가라앉아[沈] 쌓인 것[澱]
110	탄수화물(炭水化物)	탄소와[炭] 물의[水] 화합물[化物]. 녹말, 설탕, 포도당, 셀룰로우스 등이 이에 속함.
111	투석(透析)	막을 뚫고 들어가고[透] 분리하는[析] 방법
112	합성수지(合成樹脂)	여러 물질을 화학적으로 합하여[合] 만든[成] 수지[樹脂]. '수지'는 나무의 진. 석유계 탄화수소 계통을 화학적으로 합성하여 만든 것. 플라스틱이 대표적임.
113	환원(還元)	처음 상태로[元] 돌아옴[還]. 어떤 물질이 산소의 일부 또는 전부를 잃거나 외부에서 수소를 흡수하는 화학 변화.
114	흡착(吸着)	고체나 액체의 표면에 분자나 원자를 빨아들여[吸] 표면에 붙게 함[着]
115	간조(干潮)	물이 빠져서[干] 낮아지는 바닷물[潮]. 조석 현상에 의해 해수면이 하루 중에 가장 낮아졌을 때.
116	기단(氣團)	공기[氣] 덩어리[團]
117	노점(露點)	이슬이[露] 맺히기 시작하는 온도[點]. 포화되지 않은 공기를 냉각시키면 어느 온도에서 응결하기 시작하여 이슬을 맺는데, 이 때의 온도를 말함.
118	뇌우(雷雨)	천둥과[雷] 함께 내리는 비[雨]
119	단층(斷層)	끊어진[斷] 지층[層].
120	대류(對流)	대립하여[對] 흐름[流] 기체나 액체 따위의 유체가 열 때문에 상하로 뒤바뀌면서 움직이는 현상
121	대륙붕(大陸棚)	큰[大] 육지이면서[陸] 선반처럼[棚] 넓게 펼쳐져 있는 곳. 대륙이나 큰 섬 주변의 평균 약 6°경사의 완만한 바다 밑.
122	반감기(半減期)	원래 수의 반으로[半] 줄어드는[減] 데 걸리는 기간[期]. 자연 상태에서 스스로 붕괴하여 안정된 원소로 변하는 방사성 원소들이 원래의 양에서 반으로 줄어드는 데 걸리는 시간.
123	배율(倍率)	확대하는[倍] 비율[率]. 실제 물체의 크기에 비해 망원경의 상이 얼마나 확대되었는가를 나타내는 비율.
124	복각(伏角)	엎드린[伏] 모양같이 아래로 기울어진 각도[角]. 자침이 수평면에 대해서 아래로 기울어진 각도.
125	분지(盆地)	동이처럼[盆] 생긴 땅[地].
126	빙하(氷河)	얼음이[氷] 강물처럼[河] 흘러내림

127	삼엽충(三葉蟲)	세[三] 갈래로[葉] 이루어진 벌레[蟲]
128	성운(星雲)	별이[星] 구름같이[雲] 펼쳐져 있는 것
129	성층권(成層圈)	기체들이 층을[層] 이루는[成] 범위[圈]. 대기권 중에서 대류권 위에 있으며 매우 안정하게 위아래 공기층이 섞이지 않도록 층을 이루고 있는 부분
130	소조(小潮)	조수의[潮] 차이가 작은[小] 것
131	순상화산(楯狀火山)	방패[楯] 모양의[狀] 화산[火山]
132	습곡(褶曲)	지층이 주름져[褶] 구부러진[曲] 것.
133	시상화석(示相化石)	당시 모습을[相] 보여주는[示] 화석[化石]. 고생물이 살던 당시 그 지역의 기후, 수륙분포, 지형 드으이 환경을 알려 주는 화석. 고사리와 산호가 대표적.
134	열대야(熱帶夜)	열대 지역처럼[熱帶] 심하게 더운 밤[夜]. 최저 기온 25℃ 이상이 유지되는 밤.
135	용승(湧昇)	샘이 솟듯[湧] 오름[昇]. 해류의 수직적 순환에 의하여 해저 깊은 곳에서 해류가 해수면 부근으로 올라오는 현상
136	운석(隕石)	하늘에서 떨어지는[隕] 돌[石]
137	월식(月蝕)	달을[月] 좀먹음[蝕]. 달이 지구의 그림자 속으로 들어가 달이 가려지는 현상
138	위성(衛星)	행성을 지키듯이[衛] 도는 별[星]
139	은하수(銀河水)	은하가[銀河] 강물처럼[水] 보이는 것. 은하는 남북으로 길게 분포되어 있는 수억의 항성 무리.
140	일식(日蝕)	해를[日] 좀먹음[蝕]. 달이 지구와 태양 사잉에 들어 태양의 일부분이나 전체가 달의 그림자에 가려 보이지 않게 되는 현상
141	적운(積雲)	차곡차곡 쌓여 있는 모양의[積] 구름[雲]. 구름입자를 쌓아 올린 듯한 두텁고 윤곽이 분명한 모양의 구름.
142	전선(前線)	진행하고 있는 다른 두 기단의 가장 앞에[前] 있는 선[線]. 성질이 다른 두 개 기단의 경계면이 지표와 만나는 선.
143	절리(節理)	마디마디[節] 결을 따라[理] 생긴 틈
144	조암광물(造巖鑛物)	바위를[巖] 만드는[造] 광물[鑛物].
145	지각(地殼)	땅의[地] 껍질[殼]. 땅의 가장 바깥 껍질 부분으로 우리가 딛고 있는 부분.
146	지동설(地動說)	땅이[地] 움직인다는[動] 이론[說]
147	진원(震源)	지진이[震] 발생하는 지점[源]
148	초신성(超新星)	매우 센 빛을 내는[超] 새롭게[新] 보이는 별[星]

149	태풍(颱風)	태풍[颱風] 북태평양 남서부에서 발생하여 아시아 대륙 동부로 불어오는 맹렬한 열대성 저기압
150	퇴적(堆積)	높이 쌓임[堆積] 물, 빙하, 바람 등에 의해 운반되어 어떤 곳에 쌓여 높이진 것.
151	포화(飽和)	가득[飽] 합쳐진[和] 상태. 공기나 물이 어떤 물질을 더 이상 머금을 수 없는 한도까지 머금은 상태.
152	표층(表層)	겉으로 보이는[表] 층[層] 여러 층으로 된 것의 겉을 이루고 있는 층
153	해면기압(海面氣壓)	바닷물의[海] 표면을[面] 기준으로 하는 공기의[氣] 압력[壓]. 지표면의 높이에 따라 달라지는 기압을 해수면을 기준으로 환산한 값
154	해일(海溢)	바닷물이[海] 육지로 넘치는[溢] 것
155	행성(行星)	태양 주위를 도는[行] 별[星]
156	혜성(彗星)	꼬리를 가진[彗] 별[星]
157	호우(豪雨)	세차게[豪] 퍼붓는 비[雨]
158	화성암(火成巖)	불로[火] 만들어진[成] 바위[巖] 마그마가 지표면이나 그 근처에서 냉각되어 형성된 암석
159	환태평양조산대 (環太平洋造山帶)	태평양을[太平洋] 둘러싸면서[環] 산맥을[山] 만드는[造] 지역[帶]. 북태평양과 대륙이 맞닿아 있는 지역에서 조산 작용이 활발하게 일어나는 지역
160	황도(黃道)	황금색 태양이[黃] 지나는 길[道]
161	황사(黃砂)	누런[黃] 모래[道]. 주로 중국 대륙의 황토 지대에서 강한 바람으로 위로 올라간 많은 미세한 모래 먼지가 하늘을 뒤덮고 있다가 점차 내려오는 현상

3. 24절기(節氣)

立春(입춘) - 2월 4일경. 봄의 시작.

雨水(우수) - 2월 19일경. 입춘으로부터 15일 후로 봄비가 내리고 싹이 트는 때.

驚蟄(경칩) - 3월 5일경. 개구리가 겨울잠에서 깨어나는 때.

春分(춘분) - 3월 21일경. 낮이 길어지는 때.

淸明(청명) - 4월 5일경. 봄 농사를 준비하는 때.

穀雨(곡우) - 4월 20일경. 곡식의 싹을 틔우는 봄비가 내리는 때.

立夏(입하) - 5월 6일경. 여름의 시작.

小滿(소만) - 5월 21일경. 약간의 곡식이 여무는 때.

芒種(망종) - 6월 6일경. 씨 뿌리기 좋은 때.

夏至(하지) - 6월 21일경. 일 년 중 낮이 가장 긴 때.

小暑(소서) - 7월 7일경. 더위가 시작되는 때.

大暑(대서) - 7월 23일경. 일 년 중 더위가 가장 심한 때.

立秋(입추) - 8월 8일경. 가을의 시작.

處暑(처서) - 8월 23일경. 더위가 꺾이면서 가을바람이 불어오기 시작하는 때.

白露(백로) - 9월 9일경. 이슬이 내리기 시작하는 때.

秋分(추분) - 9월 23일경. 밤이 길어지는 때.

寒露(한로) - 10월 8일경. 찬 이슬이 맺히는 때.

霜降(상강) - 10월 23일경. 서리가 내리기 시작하는 때.

立冬(입동) - 11월 8일경. 겨울이 시작되는 때.

小雪(소설) - 11월 23일경. 얼음이 얼기 시작하고 첫눈이 내리는 때.

大雪(대설) - 12월 7일경. 눈이 많이 내리는 때.

冬至(동지) - 12월 22일경. 일 년 중 밤이 가장 긴 때.

小寒(소한) - 1월 5일경. 일 년 중 가장 추운 때.

大寒(대한) - 1월 20일경. 추위의 절정기. 실제로는 소한이 대한보다 더 춥다.

4. 나이와 관련된 한자어

· 志學(지학) : 15세. 공자는 15세가 되어 학문에 뜻을 두었다고 함.

· 弱冠(약관) : 20세. 《예기(禮記)》에 나오는 말로, 20세를 弱이라 하며 비로소 갓을 쓴다는 데서 유래함.

· 而立(이립) : 30세. 공자는 30세가 되어 스스로 자립하였다고 함.

· 不惑(불혹) : 40세. 공자는 40세가 되어 모든 사리 판단에 있어 미혹되지 않았다고 함.

· 知天命(지천명) : 50세. 공자는 50세가 되어 天命을 알았다고 함.

· 耳順(이순) : 60세. 공자는 60세가 되어 남의 말을 들었을 때 마음으로 순순히 받아들여 거슬림이 없었다고 함.

· 回甲(회갑) : 61세. 육십갑자가 한 바퀴 돌았다는 뜻에서 유래함. '還甲' 또는 '華甲'이라고도 함.

· 古稀(고희) : 70세. 두보(杜甫)의 시 '人生七十古來稀'에서 온 말임. '從心'이라고도 함.

· 喜壽(희수) : 77세. '喜'자를 초서체로 쓰면 그 모양이 七十七을 세로로 써 놓은 것과 비슷한 데서 유래함.

· 米壽(미수) : 88세. '米'자를 파자하면 '八十八'이 되는 데서 유래함.

5. 틀리기 쉬운 한자어

可矜(가긍) : 불쌍하고 가여움.

可憐(가련) : 가엾고 불쌍함.

苛斂(가렴) : 세금 따위를 가혹하게 억지로 거둠.

恪別(각별) : 유달리 특별함.

覺醒(각성) : 깨어 정신을 차림.

簡潔(간결) : 간단하고 짜임새가 있음.

艱難(간난) : 몹시 힘들고 곤란함.

干涉(간섭) : 남의 일에 부당하게 관계함.

看做(간주) : 그렇다고 봄.

姦慝(간특) : 간사하고 악하다.

間歇(간헐) : 이따금 한 번씩 되풀 됨.

葛藤(갈등) : 일이 뒤얽히어 풀기 어렵게 된 상태

渴症(갈증) : 목이 말라 물이 먹고 싶은 느낌

減殺(감쇄) : 덜어서 없애거나, 덜리어 없어짐.

甘蔗(감자) : 사탕수수

降下(강하) : 공중에서 아랫 쪽으로 내림.

槪括(개괄) : 개요를 잡아 한데 뭉뚱그림.

凱旋(개선) : 이기고 돌아옴.

改悛(개전) : 잘못된 마음을 고쳐서 바로 먹음.

開拓(개척) : 새로운 부문의 일을 처음으로 시작함.

坑道(갱도) : 땅 속에 뚫은 길

更生(갱생) : 거의 죽을 지경에서 다시 살아남.

醵出(갹출) : 여러 사람이 각기 돈이나 물건을 냄.

車馬(거마) : 수레와 말

怯懦(겁나) : 겁이 많고 나약함.

揭示(게시) : 내걸어 보임.

揭載(게재) : 글이나 그림 따위를 잡지 등에 실음.

堅忍(견인) : 굳게 참고 견딤.

譴責(견책) : 나무람.

結紐(결뉴) : 얽어 맺음.

缺如(결여) : 있어야 할 것이 없거나 모자람.

決裁(결재) : 윗사람이 부하가 제출한 안건을 허가함.

謙遜(겸손) : 자신을 낮추어 순하게 대하는 태도

輕蔑(경멸) : 없신 여김.

更新(경신/갱신) : 고쳐서 새롭게 함. / 원래대로 다시 새롭게 함.

驚愕(경악) : 깜짝 놀람.

更張(경장) : 고치어 새롭게 함.

更正(경정) : 고치어 바르게 함.

更迭(경질) : 있던 사람을 갈아내고, 딴사람으로 대신함.

驚蟄(경칩) : 24절기의 셋째. 양력 3월 4일 경

契機(계기) : 어떤 일을 결정하는 근거나 기회

啓發(계발) : 지능, 정신 따위를 깨우쳐 열어줌.

孤陋(고루) : 묵은 생각이나 풍습에 젖어, 고집이 세고 변통성이 없음.

苦悶(고민) : 마음으로 괴로워하고 속을 태움.

古巢(고소) : 옛집

膏肓(고황) : 염통과 가로막의 사이

滑稽(골계) : 일부러 멋지게 남을 웃기는 말이나 짓

汨沒(골몰) : 물속에 가라앉음.

鞏固(공고) : 단단함.

恭遜(공손) : 공경하는 태도로 겸손함.

誇示(과시) : 자랑하여 보임.

過剩(과잉) : 초과

誇張(과장) : 사실보다 지나치게 나타냄.

寬待(관대) : 너그럽게 대접함.

刮目(괄목) : 몰라보게 발전한 데 놀라서, 눈을 비비고 다시 봄.

狂亂(광란) : 미친 듯이 날뜀.

掛圖(괘도) : 걸어놓고 보는 그림표나 지도

罫紙(괘지) : 괘선지. 인찰지(印札紙)

傀儡(괴뢰) : 꼭두각시

乖離(괴리) : 어그러져 동떨어짐.

壞滅(괴멸) : 파괴되어 멸망함.

攪亂(교란) : 휘저어서 어지럽게 함.

教唆(교사) : 못된 일을 하도록 남을 부추김.

膠著(교착) : 아주 단단히 달라붙음.

交換(교환) : 바꿈.

狡猾(교활) : 간사하고 교묘함.

口腔(구강) : 입안

句讀(구두) : 구둣법. 글 쓸 때

口碑(구비) : 말로 전함.

拘碍(구애) : 거리낌.

救恤(구휼) : 물품을 베풀어 곤궁을 구제함.

軌道(궤도) : 수레의 바퀴 자국이 난 길. 궤철을 깐 기차나 전차 따위의 길. 마땅히 밟아 나가야 할 정도

詭辯(궤변) : 논리의 내용은 무시하고, 오직 형식적인 논리로써 거짓을 참으로 꾸미는 논법이나 추리

龜鑑(귀감) : 거울로 감아 본받을 만 한 것

糾明(규명) : 사실을 따지어 밝힘.

糾合(규합) : 사람이나 힘을 끌어 모음.

龜裂(균열) : 이리저리 갈라지거나 틈이 생김.

勤勉(근면) : 부지런함. 近況(근황) : 요사이의 형편

琴瑟(금슬) : ① 금(거문고와 비슷한 현악기)과 슬(가야금과 비슷한 현악기). ② 금실(부부사이의 사랑)의 원말

矜持(긍지) : 떳떳하게 여기는 자랑

旗幟(기치) : ① 일정한 목적으로 내세우는 태도나 주장. ② 전날, 군중에서 쓰던 기

嗜好(기호) : 즐기고 좋아함. 또는 그 취미

緊急(긴급) : 아주 급함.

緊張(긴장) : 팽팽하게 켕김.

喫煙(끽연) : 흡연

儺禮(나례) : 대궐에서 음력 섣달 그믐날 밤에 악귀를 쫓던 의식

懦弱(나약) : 여리고 약함.

內人(나인) : 궁녀

懶惰(나타) : 게으름.

懶怠(나태) : 게으름.

拿捕(나포) : 붙잡아 자유를 얽어매는 일

烙印(낙인) : 불도장

難澁(난삽) : 어렵고 까다로움.

難易(난이) : 어려운 것과 쉬운 것

捺印(날인) : 도장찍기

捏造(날조) : 사실인 듯이 거짓으로 꾸밈.

濫觴(남상) : 사물이 생겨 나온 처음

拉致(납치) : 불법으로 붙들어 감.

來往(내왕) : 오고 가고 함.

內帑(내탕) : 임금이 사사로이 쓰는 돈

鹿皮(녹비) : 사슴 가죽

鹿茸(녹용) : 사슴 뿔

賂物(뇌물) : 일정한 직무에 종사하는 사람을 매수하려고 넌지시 주는 돈이나 물건

惱殺(뇌쇄) : 애가 타도록 몹시 괴로워함.

牢獄(뇌옥) : 감옥

漏泄(누설) : 물이나 비밀 따위가 샘.

陋醜(누추) : 지저분하고 더러움.

訥辯(눌변) : 더듬거리는 말솜씨

凜凜(늠름) : 생김생김이나 태도가 씩씩하고 의젓함.

茶菓(다과) : 차와 과자

團欒(단란) : 빈 구석이 없이 매우 원만함.

簞食(단사) : 도시락밥

曇天(담천) : 흐린 하늘

踏襲(답습) : 본받아 좇음.

遝至(답지) : 한군데로 몰려들거나 몰려옴.

撞着(당착) : 앞뒤가 맞지 아니함.

大怒(대로) : 크게 성냄.

對峙(대치) : 맞섬.

島嶼(도서) : 섬

陶冶(도야) : 마음과 몸을 잘 갈고 닦아서 훌륭한 인격을 만들도록 힘씀.

挑戰(도전) : 싸움을 돋우어 겲.

陶醉(도취) : 취함.

倒置(도치) : 뒤바뀜.

淘汰(도태) : 여럿 가운데 쓸데없거나 적당하지 않은 것이 줄어 없어지거나 줄어서 없어지게 함.

瀆職(독직) : 직책을 더럽힘.

獨擅(독천) : 혼자서 마음대로 함.

督促(독촉) : 무엇을 빨리 서둘러 하도록 죄어침.

冬眠(동면) : 겨울잠

遁走(둔주) : 달아남.

鈍濁(둔탁) : 생김새가 무게가 있고 무딤.

登攀(등반) : 더위잡아 기어오름.

莫逆(막역) : 벗으로서 뜻이 맞아 허물없이 친함.

滿腔(만강) : 마음속에 가득 참.

蔓延(만연) : 널리 뻗음. 또는 번지어 퍼짐.

萬朶(만타) : 수많은 꽃송이 또는 온갖 초목의 가지

罵倒(매도) : 몹시 꾸짖음.

魅力(매력) : 사람의 마음을 사로잡아 끄는 힘.

邁進(매진) : 힘차게 나아감.

魅惑(매혹) : 남의 마음을 사로잡아 호림.

驀進(맥진) : 좌우를 돌볼 겨를이 없이 힘차게 나아감.

萌芽(맹아) : 싹

面貌(면모) : 얼굴의 생김새 또는 상태나 됨됨이

蔑視(멸시) : 업신여김

明朗(명랑) : 밝고 환함.

明瞭(명료) : 분명하고 똑똑함.

瞑想(명상) : 고요히 눈을 감고 깊이 사물을 생각함.

明晳(명석) : 분명하고 똑똑함.

明澄(명징) : 밝고 맑음.

木瓜(모과) : 모과나무의 열매

冒瀆(모독) : 말이나 행동으로써 더럽혀 욕되게 함.

牧丹(모란) : 미나리아재빗과에 딸린 갈잎좀나무

模倣(모방) : 본뜸.

模範(모범) : 본받아 배울 만 한 본보기

摸索(모색) : 더듬어 찾음.

侮辱(모욕) : 깔보고 욕되게 함.

牡牛(모우) : 소의 수컷

蒙昧(몽매) : 어리석고 사리에 어두움.

夢幻(몽환) : 꿈같은 헛된 생각

杳然(묘연) : 그윽하고 멀어서 눈에 아물아물함.

巫覡(무격) : 무당과 박수

毋論(무론) : 말할 것도 없이

拇印(무인) : 손도장

紊亂(문란) : 도덕, 질서 따위가 흐트러져 어지러움.

微塵(미진) : 썩 작은 티끌이나 먼지

迷惑(미혹) : 정신이 흐려지도록 무엇에 홀림.

未洽(미흡) : 흡족하지 아니함.

撲殺(박살) : 때려죽임.

剝奪(박탈) : 남의 재물이나 권리, 자격 따위를 빼앗음.

伴侶(반려) : 짝이 되는 동무

反駁(반박) : 남의 의견이나 주장에 반대하여 공격함.

反撥(반발) : 물체가 되받아서 퉁김.

反省(반성) : 잘못이나 모자람이 없는가를 돌이켜 살핌.

反芻(반추) : 새김질

頒布(반포) : 널리 퍼뜨림.

潑剌(발랄) : 생기있고 활발함.

勃發(발발) : 큰 일이 갑자기 일어남.

拔穗(발수) : 좋은 씨앗을 받으려고 잘된 이삭을 골라서 뽑음.

拔萃(발췌) : 필요한 부분을 가려 뽑아냄.

拔擢(발탁) : 여러 사람 가운데 추려서 뽑음.

跋扈(발호) : 날뜀.

發揮(발휘) : 재능, 힘 따위를 떨쳐서 드러냄.

勃興(발흥) : 갑자기 왕성하게 일어나서 잘 됨.

尨大(방대) : 엄청나게 크거나 많음.

妨礙(방애) : 거치적거려 순조로이 진행되지 못하게 함.

幫助(방조) : 거들어서 도와줌.

彷徨(방황) : 이리저리 헤매어 돌아다님.

排泄(배설) : 안에서 밖으로 새서 나가게 함.

拜謁(배알) : 높거나 존경하는 사람을 찾아가 뵘.

排除(배제) : 물리쳐서 덜어버림.

煩惱(번뇌) : 마음이 시달려서 괴로움.

反田(번전) : 논을 밭으로 만듦.

辨別(변별) : 사물의 옳고 그름, 좋고 나쁨을 가리어 앎.

兵站(병참) : 군사 작전에 필요한 물자를 관리, 보급하는 일. 또는 그 병과

病弊(병폐) : 병통과 폐단

菩提(보리) : 불생불멸의 진리를 깨달아 알게 되는 일

報酬(보수) : 노력의 대가

布施(보시) : 자비심으로 남에게 재물이나 불법을 베풂.

補塡(보전) : 보태어 채움.

敷衍(부연) : 알기 쉽게 더하여 자세히 설명함.

附着(부착) : 들러붙음.

復活(부활) : 죽었다가 다시 살아남.

復興(부흥) : 쇠하던 것이 다시 일어남.

分泌(분비) : 땀, 침, 소화액, 호르몬 따위를 내어 보냄.

分析(분석) : ① 어떤 사물의 각 성분, 요소를 갈라 냄. ② 개념을 그 속성이나 요소로 분해하는 일

粉碎(분쇄) : ① 가루처럼 잘게 부스러뜨림. ② 여지없이 쳐부숨.

焚香(분향) : 향을 피움.

不穩(불온) : 온당하지(평온하지) 않음.

不朽(불후) : 영원토록 변하거나 없어지지 아니함.

崩壞(붕괴) : 허물어져 무너짐.

沸騰(비등) : ① 끓어오름. ② 물 끓듯 일어남.

誹謗(비방) : 비웃고 헐어서 말함.

否塞(비색) : 운수가 꽉 막힘.

匕首(비수) : 날이 썩 날카롭고 짧은 칼

卑劣(비열) : 사람 됨됨이가 못나고 어리석으며 지저분함.

頻數(빈삭) : 매우 잦음.

嚬蹙(빈축) : 눈살을 찌푸리고 얼굴을 찡그림.

憑藉(빙자) : ① 핑계 ② 어떤 힘을 빌어서 의지함.

詐欺(사기) : 꾀로 남을 속임.

思慕(사모) : 생각하고 그리워함.

些少(사소) : 작거나 적음.

使嗾(사주) : 남을 부추기어서 시킴.

社稷(사직) : ① 지신과 곡신 ② 나라 또는 조정

奢侈(사치) : 분에 지나치게 치레함.

索寞(삭막) : 쓸쓸하고 막막함.

數數(삭삭) : 자주자주

撒水(살수) : 물을 흩어서 뿌림.

撒布(살포) : 흩어 뿌림.

三昧(삼매) : 오직 한 가지 일에만 마음을 모아 생각함.

芟除(삼제) : 베어버림.

商賈(상고) : 장수

相剋(상극) : 서로 어울리지 못함.

相殺(상쇄) : 엇셈

上梓(상재) : 인쇄에 붙임.

索引(색인) : 찾아보기

省略(생략) : 줄임.

生旺(생왕) : 오행으로 보아 길한 방위

逝去(서거) : 사거(죽어서 세상을 떠남.)의 높임말

棲息(서식) : 동물들이 깃들어 삶.

羨望(선망) : 부러워하여 자기도 그렇게 되기를 바람.

先塋(선영) : 선대의 무덤

旋律(선율) : 가락

閃光(섬광) : 번쩍하는 빛

殲滅(섬멸) : 여지없이 무찔러 멸망시킴.

盛衰(성쇠) : 성함과 쇠함.

星宿(성수) : 모든 별자리의 별들

洗滌(세척) : 씻음.

遡及(소급) : 지난 일에 거슬러 올라가서 미치게 함.

疎食(소사) : 나물반찬 뿐인 음식

蘇生(소생) : 거의 죽어가던 상태에서 되살아남.

騷擾(소요) : 사람들이 떠들썩하게 들고 일어남.

贖罪(속죄) : 허물을 씻는 일

率先(솔선) : 남보다 앞서거나 앞장서서 함.

殺到(쇄도) : 빨리 또는 세차게 몰려옴.

首肯(수긍) : 그러하다고 고개를 끄덕임.

戍樓(수루) : 수자리 터에 지은 망대

睡眠(수면) : 잠. 또는 잠을 잠.

收拾(수습) : ① 어수선한 물건들을 정돈함. ② 산란한 정신이나 상태를 가라앉히어 바로잡음.

羞恥(수치) : 부끄러움.

收穫(수확) : ① 농작물을 거두어들임. ② 어떤 일을 해서 얻은 성과

數爻(수효) : 사물의 낱낱의 수

宿昔(숙석) : 머지 않은 옛날

循環(순환) : 되풀이하여 돎.

巡廻(순회) : 여러 곳으로 돌아다님.

膝下(슬하) : ① 무릎의 아래라는 뜻으로 어버이 된 이의 앞 ② 자손을 두어 대를 이어야 할 처지

拾得(습득) : 주워서 얻음.

猜忌(시기) : 시샘

柴糧(시량) : 땔나무와 식량

示唆(시사) : 미리 어떠한 것을 넌지시 일러 줌.

辛辣(신랄) : ① 맛이 대단히 쓰고 매움. ② 수단이나 방법이 몹시 날카롭고 매서움.

迅速(신속) : 썩 빠름.

呻吟(신음) : 몸이 아파서 끙끙거림.

冶金(야금) : 쇳돌 따위에서 공업적으로 쇠붙이를 골라내거나 합금을 만드는 일

阿諂(아첨) : 알랑거림.

惡辣(악랄) : 억세고 모짊.

齷齪(악착) : 자그만 일에 매이어 애태움.

軋轢(알력) : 의견이 맞지 아니하여 서로 충돌함.

斡旋(알선) : 남의 일을 주선하여 줌.

謁見(알현) : 높고 귀한 이에게 뵘.

隘路(애로) : ① 좁고 험한 길 ② 일의 진행을 방해하는 장애

曖昧(애매) : 한 개념과 다른 개념과의 구별이 충분하지 못함.

哀愁(애수) : 마음을 서글프게 하는 슬픈 근심

愛玩(애완) : 사랑하고 귀여워하거나, 즐겨 구경함.

惹起(야기) : 끌어 일으킴.

掠奪(약탈) : 폭력을 써서 남의 것을 억지로 빼앗음.

語彙(어휘) : 낱말의 수효. 또는 낱말의 전체

抑鬱(억울) : 억눌려서 답답함.

掩蔽(엄폐) : 숨김.

濾過(여과) : 거르기

閭閻(여염) : 백성들의 살림집이 많이 모여있는 곳

轢死(역사) : 치여 죽음.

役割(역할) : 일

軟膏(연고) : 바르는 약

連絡(연락) : 서로 관련을 지음. 또는 사정을 알림.

悅樂(열락) : 기뻐하고 즐거워함.

涅槃(열반) : 모든 번뇌의 속박에서 벗어나고, 진리를 깨달아 불생불멸의 법을 체득한 경지. 불교의 최고 이상

恬然(염연) : 이해를 떠나서 마음이 흔들리지 않고 안정됨.

永劫(영겁) : 영원한 세월

領袖(영수) : 여러 사람 가운데 우두머리

囹圄(영어) : 교도소

銳敏(예민) : 날카로움.

叡智(예지) : 마음이 밝고 생각이 슬기로움.

傲氣(오기) : 힘은 모자라면서도 지기 싫어하는 마음

懊惱(오뇌) : 뉘우쳐 한단하고 번뇌함.

誤謬(오류) : 그릇되어 이치에 틀림.

傲慢(오만) : 잘난 체 하고 건방짐.

嗚咽(오열) : 목이 메어 욺.

惡寒(오한) : 몸이 오슬오슬 춥고 떨리는 기운

穩健(온건) : 말, 행동, 생각 따위가 온당하고 건실하다.

訛傳(와전) : 그릇 전함.

渦中(와중) : 시끄럽고 어지러운 사건의 가운데

緩衝(완충) : 충돌을 완화시킴.

緩和(완화) : 급박하거나 긴장된 상태를 느슨하게 함.

歪曲(왜곡) : 사실과 다르게 해석하거나 그릇되게 함.

要塞(요새) : 국방상 중요한 곳의 견고한 방어 시설

窯業(요업) : 흙을 구워서 물건을 만드는 공업

夭折(요절) : 젊어서 죽음.

凹凸(요철) : 오목하고 볼록함.

容易(용이) : 쉬움.

雄渾(웅혼) : 시문 따위가 웅장하고 세련되어 있음.

委囑(위촉) : 부탁하여 맡김.

紐帶(유대) : 관계

誘發(유발) : 꾀어 일으킴.

遊說(유세) : 여러 곳에 돌아다니며 제 뜻을 말함.

幼稚(유치) : 어림.

隱匿(은닉) : 숨김.

隱然(은연) : 속엣 것이 흐릿하게 보임.

隱現(은현) : 보일락 말락함.

吟味(음미) : 사물의 뜻을 새겨서 궁구함.

凝結(응결) : 한데 엉기어 뭉침.

凝視(응시) : 한참 눈여겨봄.

義捐(의연) : 자선이나 공익을 위해 금품을 냄.

吏讀(이두) : 옛날 우리말을 적던 방식의 한 가지

罹病(이병) : 병에 걸림.

移徙(이사) : 살림하는 곳을 옮김.

弛緩(이완) : 느즈러짐.

匿名(익명) : 이름을 숨김.

溺死(익사) : 물에 빠져 죽음.

湮滅(인멸) : 자취마저 묻히어 없어짐.

吝嗇(인색) : 체면 없이 재물만 아껴서 아니꼽고 더럽게 굶.

因襲(인습) : 옛 것을 좇아서 그대로 함.

人質(인지) : 볼모. '인질'의 본말. '인질'도 맞음.

一括(일괄) : 한데 뭉뚱그림.

一擲(일척) : 모두 내어 던짐.

一切(일체/일절) : ① 모든 것(일체) ② 전혀, 도무지(일절)

一毫(일호) : 부정하는 문장에 쓰여서 '아주 작은 정도'의 뜻을 나타내는 말

剩餘(잉여) : 나머지

孕胎(잉태) : 임신

刺戟(자극) : 신경을 충동하여 흥분되게 함.

自矜(자긍) : 제 스스로 하는 자랑

孜孜(자자) : 부지런함.

藉藉(자자) : 뭇 사람의 입에 전하여 소문이 떠들썩함.

自暴(자포) : '자포자기'의 준말

綽綽(작작) : 넉넉함.

箴言(잠언) : 가르쳐서 훈계가 되는 말

暫定(잠정) : 잠시 작정함,

將帥(장수) : 군사를 거느리고 지휘하는 우두머리

障碍(장애) : 가로막아서 거치적거림.

莊嚴(장엄) : 씩씩하고 엄숙함.

裝塡(장전) : 속에 무엇을 집어넣어서 메움.

狙擊(저격) : 노리고 겨냥하여 냅다 치거나 쏨.

詛呪(저주) : 미움을 받아서 당하는 몹시 불행한 일

沮止(저지) : 막아서 못하게 함.

寂寞(적막) : 고요하고 쓸쓸함. 의지할 데 없이 외로움.

戰慄(전율) : 두렵거나 무서워서 벌벌 떪.

塡充(전충) : 집어넣어서 채움.

傳播(전파) : 전하여 널리 퍼뜨림.

截斷(절단) : 끊어 냄.(=切斷)

點睛(점정) : 맨 나중에 눈동자를 찍음.

接吻(접문) : 입맞춤

正鵠(정곡) : 과녁의 한가운데 되는 점. 또는 핵심

靜謐(정밀) : 고요하고 편안함.

制覇(제패) : 패권을 잡음.

稠密(조밀) : 촘촘하고 빽빽함.

造詣(조예) : 학문, 기술, 음률 따위의 수양이 깊은 지경에 나아간 정도

措置(조치) : 일을 잘 정돈하여 처치함.

綢繆(주무) : 미리미리 꼼꼼하고 자세하게 준비함.

躊躇(주저) : 망설임.

駐箚(주차) : 공무를 띠고 자기 나라 밖에 머무름.

蠢動(준동) : 보잘것없는 것들이 소동을 일으킴.

浚渫(준설) : 개울이나 항만 따위의 밑바닥을 파냄.

櫛比(즐비) : 많은 것의 늘어선 모양이 빗살같이 정연하고 빽빽함.

憎惡(증오) : 몹시 미워함.

遲滯(지체) : 늑장을 부려 시간을 끌거나 기한에 뒤짐.

支撐(지탱) : 오래 버티거나 배겨 냄.

智慧(지혜) : 슬기

陳腐(진부) : 묵어서 썩음.

眞摯(진지) : 태도가 참되고 착실함.

桎梏(질곡) : 몹시 속박하여 자유를 주지 않음.

叱責(질책) : 꾸짖음.

嫉妬(질투) : 자기가 좋아하는 이성이 다른 이성과 좋아함을 지나치게 미워하는 마음이나 성질

執拗(집요) : 고집스럽게 끈질김.

懲戒(징계) : 허물을 나무라서 경계함.

茶禮(차례) : 음력 매달 초하룻날과 보름날, 명절날, 조상 생일 등을 맞아 낮에 지내는 간략한 제사

刹那(찰나) : 지극히 짧은 시간. 또는 어떤 일이나 상태가 이루어지는 바로 그 때

慙愧(참괴) : 부끄러워함.

嶄新(참신) : 처음으로 이루어져서 가장 새로움

參酌(참작) : 이리저리 비추어 보아서 알맞게 헤아림.

參恥(참치) : 길고 짧거나 들쭉날쭉하여서 가지런하지 못함. '參差不齊(참치부제)'의 준말

懺悔(참회) : 잘못을 깨닫고 깊이 뉘우침.

暢達(창달) : 자기의 의견이나 주장을 거리낌 없이 자유로이 표현하여 전달함.

蒼氓(창맹) : 세상의 뭇사람

漲溢(창일) : 의욕이 왕성하게 일어남.

剔抉(척결) : 살을 긁고 뼈를 발라 냄. 즉 '나쁜 요소들을 잘라 없앰'을 비유하는 말

刺殺(척살) : 칼 따위로 사람을 죽임.

闡明(천명) : 드러내서 밝힘.

喘息(천식) : ① 숨결 ② 기관지에 경련이 생기면서 숨이 차고 기침이 나며 가래가 성한 병

穿鑿(천착) : ① 구멍을 뚫음. ② 깊이 파서 연구함. ③ 억지로 이치에 닿지 않는 말을 함.

添加(첨가) : 덧붙임.

尖端(첨단) : ① 뾰족한 물건의 맨 끝 ② 시대적 사조, 학문, 기술, 유행 따위에 있어서 맨 앞장

捷徑(첩경) : 지름길

貼付(첩부) : 발라서 붙임.

諦念(체념) : 도리를 깨닫는 마음. 또는 단념

涕淚(체루) : 슬피 울어서 흐르는 눈물

涕泣(체읍) : 소리를 내지 않고 눈물을 흘리면서 슬피 욺.

焦燥(초조) : 애가 타서 조마조마함.

囑望(촉망) : 희망을 갖고 마음을 붙임.

忖度(촌탁) : 남의 마음을 미루어서 헤아림.

寵愛(총애) : 특별히 사랑함.

催促(최촉) : 재촉

推戴(추대) : 윗사람의 떠받듦.

追悼(추도) : 죽은 사람을 생각하여 슬퍼함.

墜落(추락) : 높은 데에서 떨어짐.

推薦(추천) : 사람을 내세워서 천거함.

醜態(추태) : 더럽고 지저분한 태도나 짓

秋毫(추호) : '썩 작거나 적음'을 비유하는 말

沖年(충년) : 10대의 나이

衷心(충심) : 속에서 우러나는 참되 마음

脆弱(취약) : 무르고 약함.

熾烈(치열) : 세력이나 기세가 불길같이 맹렬함.

恥辱(치욕) : 수치와 모욕

沈沒(침몰) : 물속에 가라앉음.

沈潛(침잠) : 성정이 깊고 차분해서 겉으로 드러나지 않음.

蟄居(칩거) : 나가서 활동하기 않고 집안에만 들어박혀 있음.

墮落(타락) : 마음이나 행동이 잡되고 잘못된 길로 빠짐.

打破(타파) : 깨뜨려 없앰.

琢磨(탁마) : 갈고 닦음.

拓本(탁본) : 비문을 뜬 본

綻露(탄로) : 비밀이 드러남.

誕辰(탄신) : 탄생일

彈劾(탄핵) : 죄상을 들어서 논란하여 책망함.

耽溺(탐닉) : 지나치게 마음이 쏠리어 빠짐.

攄得(터득) : 깨달아 알아 냄.

慟哭(통곡) : 큰 소리로 욺.

洞察(통찰) : 환히 살피어 온통 밝힘.

洞燭(통촉) : 깊이 헤아려 살핌.

統轄(통할) : 모두 거느려 다스림.

推敲(퇴고) : 글다듬기

堆積(퇴적) : 많이 덮쳐 쌓임.

頹廢(퇴폐) : 낡고 쇠해서 결딴남.

妬忌(투기) : 질투

投擲(투척) : 던지기

派遣(파견) : 할 일을 맡겨서 보냄.

把握(파악) : 확실하게 깨닫고 잘 앎.

破綻(파탄) : 일이 중도에 잘못됨.

辦得(판득) : 변통하여 얻음.

判別(판별) : 판별하여 구별함.

稗官(패관) : ① 옛날에, 임금이 민간의 풍속이나 정사를 알려고 떠도는 이야기들을 모아 기록하게 한 벼슬아치 ② 이야기를 짓는 사람 ③ '패관소설'의 준말

覇權(패권) : 어떤 분야에서 우두머리나 으뜸의 자리를 차지하여 누리는 권력

敗北(패배) : 싸움에 지고 달아남.

澎湃(팽배) : ① 큰 물결이 맞부딪쳐 솟구침. ② 어떤 기운이나 사조 따위가 거세게 일어 넘침.

膨脹(팽창) : ① 부풀어서 띵띵하여짐. ② 범위, 세력 따위가 본디 상태에서 벗어나 커져 감.

編輯(편집) : 여러 가지 자료를 모아 엮고 짜서 신문, 잡지, 책 따위를 만듦.

平坦(평탄) : 넓고 평평함.

閉塞(폐색) : ① 닫아 막음. ② 운수가 막힘.

抛棄(포기) : 하던 일을 도중에 그만두어 버림.

褒賞(포상) : 칭찬하고 장려하여 상을 줌.

暴惡(포악) : 사납고 악함.

捕捉(포착) : ① 꼭 붙잡음. ② 기회나 정세를 알아차림.

褒貶(포폄) : 시비선악을 평정함.

暴虐(포학) : 횡포하고 잔인함.

輻輳(폭주) : 한 곳으로 많이 몰려듦.

標識(표지) : 어떤 사물을 다른 것과 구별하여 알기 위한 기록

風靡(풍미) : ① 위세에 딸리어 뭇사람들이 저절로 따르거나 따르게 함.
② 어떤 현상이나 사조가 사회에 널리 퍼지거나 퍼지게 함.

諷刺(풍자) : ① 남의 결점을 빗대어 찌름. ② 문학작품 따위에서, 현실의 부정적 현상이나 모순 따위를 빗대어 비웃으면서 공격하는 일

逼迫(핍박) : 바싹 죄어쳐서 괴롭게 굶.

虐待(학대) : 몹시 괴롭히거나 사납게 대우함.

割引(할인) : 일정한 값에서 얼마를 덜어 냄.

行列(항렬) : 겨레붙이의 방계 사이의 대수 관계를 표시하는 말

肛門(항문) : 밑구멍

降伏(항복) : 적의 힘에 눌려 굽히어 붙좇음.

偕老(해로) : 부부가 한평생 같이 살며 함께 늙음.

解弛(해이) : 마음이나 규율이 풀리어 느즈러짐.

海溢(해일) : 바다의 큰 물결이 육지를 덮치는 것

咳唾(해타) : 어른의 말씀

懈怠(해태) : 게으름

諧謔(해학) : 익살스럽고 멋이 있는 말이나 짓

享樂(향락) : 즐거움을 누림.

絢爛(현란) : 눈이 부시도록 찬란함.

現況(현황) : 현재의 상황

嫌惡(혐오) : 싫어하고 미워함.

荊棘(형극) : 고난

亨通(형통) : 온갖 일이 뜻과 같이 잘 되어 감.

豪奢(호사) : 호화스러운 사치

好惡(호오) : 좋아함과 미워함.

豪宕(호탕) : 기품이 호걸스럽고 성질이 방종함.

屹然(흘연) : 갑자기

和暢(화창) : 날씨나 바람이 온화하고 맑음.

廓然(확연) : 넓어서 휑하게 빈 꼴

廓正(확정) : 잘못을 널리 바로잡아 고침.

幻滅(환멸) : 바라던 것이 무너졌을 때나 욕망을 채우고 난 뒤 느끼는 괴롭고도 속절없는 마음

歡迎(환영) : 기꺼이 맞음.

豁達(활달) : 도량이 너그럽고 크다.

滑走(활주) : 미끄러져 내달음.

恍惚(황홀) : 눈이 부시게 찬란함.

賄賂(회뢰) : 뇌물을 주고받는 일

回復(회복) : 되찾거나 되돌이킴.

灰燼(회신) : 불탄 끄트머리

膾炙(회자) : '사람의 입에 자주 오르내림'의 비유

獲得(획득) : 얻어내거나 얻어 가짐.

橫暴(횡포) : 성질이나 행동이 몹시 궂고 사나움.

嚆矢(효시) : 사물이 비롯한 맨 처음

嗅覺(후각) : 냄새감각

後裔(후예) : 대수가 먼 후손

薨去(훙거) : 왕이나 왕족 따위의 신분이 높은 이의 죽음

萱堂(훤당) : '남의 살아계신 어머님'의 높임말

毁損(훼손) : 체면이 떨리어 상함.

彙報(휘보) : 한 계통의 여러 가지 종류를 분류하여 한데 모아 엮어 알리는 기록이나 보고. 잡지

麾下(휘하) : 주장의 지휘 아래

恤兵(휼병) : 물품과 돈을 보내어 전장의 병사를 위문함.

痕迹(흔적) : 실물이 없어지거나, 실체가 떠난 뒤에 남은 자취나 자국

欣快(흔쾌) : 마음에 기쁘고도 통쾌함.

恰似(흡사) : 마치, 꼭

犧牲(희생) : 남을 위하여 목숨, 재물, 명예, 권리, 자유 따위를 버리거나 빼앗김.

詰難(힐난) : 트집을 잡아 거북할 만큼 따지고 듦.

▶ 한자·한자어도 공부했으면 하는 마음에서

한자는 이미 우리글이 없던 수천 년 전부터 선인(先人)들이 익숙하게 써왔던 보편적인 문자이다. 한글이 없던 시절 수많은 어휘와 우리말을 어떻게 적을 수 있었을까? 한자는 우리 민족의 글자인 한글이 없던 시절에 그 공백을 메워주어 언어생활을 원활하게 하였다. 한글과 또 다른 우리 문자인 셈이다. 한글과 한자가 균형을 이루며 조화롭게 발전해 나갈 때 우리의 언어생활은 더욱 풍부해질 것이다.

어느 학교에서 만학도를 가르쳤을 때가 있었다. 청소년부터 미수(米壽, 88세)에 이르는 학생을 상대했었다. 이분들은 상급학교의 진학, 취업에 있어서 정규학교의 학생들처럼 쫓지도 않았고, 그럴 필요도 없었다. 어린 시절에 한자·한문을 정식으로 배우지 못하여 이제라도 교양으로 배워보고자 하는 마음으로 수업을 듣는 것이었다. 성어와 한자어를 가르칠 때 공통으로 하는 말씀들이 있었다.

> ▷ 한자(漢字)로는 단어를 못 쓰더라도 이게 무슨 의미인지는 알아야 해.
> ▷ 모르는 어휘를 정확하게 이해하려면 한자와 한자 풀이를 봐야 해.
> ▷ 한글과 한자도 제대로 모르는 아이에게 영어를 가르치니 안타깝다.

이처럼 옛날 분들은 아직 한자·한문을 꼭 배워야 한다고 많이 느끼고 계셨다.

언어생활에 있어서 어휘에 대한 한자를 모두 알고 있을 필요는 없다. 다만, 일상에서 뜻을 모르는 어휘를 보았을 때 '여기 쓰인 한자가 무엇일까?' 하는 호기심은 있었으면 좋겠다. 또 정확히 모르는 어휘를 보면 자전을 찾아보고 정확하게 알려고 하는 노력이라도 했으면 한다. 학생들에게 그런 기대만 하는 요즘이다.

04 | 고사성어(故事成語)

<table>
<tr><td rowspan="2">성어(成語)</td><td>· 한자어의 특수한 의미</td></tr>
<tr><td>· 배경 이야기가 있거나 관습적인 표현으로 굳어져서 한자 그대로의 뜻과 다른 의미로 사용될 때가 많음.</td></tr>
</table>

<table>
<tr><td rowspan="2">고사성어와
사자성어의
차이</td><td>· 고사성어(故事成語)
- 고사(故事): 유래가 있는 옛날의 일, 역사적인 일
- 성어(成語): 옛사람들이 만들어낸 관습화된 말(慣用語)</td></tr>
<tr><td>· 사자성어(四字成語)
- 네 글자로 이루어진 성어</td></tr>
</table>

○ 家家戶戶(가가호호): 집집마다.

○ 街談巷說(가담항설): 길거리에 떠도는 소문. 세상의 풍문(風聞)

○ 佳人薄命(가인박명): 아름다운 여자는 기박(奇薄)한 운명을 탐.

○ 刻骨難忘(각골난망): 뼈에 새겨 두고 잊지 않음. 남에게 입은 은혜가 마음 깊이 새겨져 잊히지 않음을 이르는 말.

○ 刻骨銘心(각골명심): 뼈에 새기고 마음속에 새김. 마음 깊이 새겨서 잊지 않음.

○ 角者無齒(각자무치): 뿔이 있는 짐승은 날카로운 이가 없다는 뜻으로, 한 사람이 모든 재주나 복을 가질 수 없음을 이르는 말.

○ 刻舟求劍(각주구검): 미련하여 시대의 흐름을 알지 못하거나 관습에 얽매여 융통성이 없음.

○ 肝膽相照(간담상조): 마음과 마음을 서로 비춰볼 정도로 친하게 지냄.

○ 渴而穿井(갈이천정): 목이 말라야 우물을 판다. (자신에게 닥치지 않은 일에 대해서는 무심하다가도 막상 급한 일이 발생하거나 필요한 일이 생기면 스스로 나서 해결하게 된다.)

○ 甘言利說(감언이설): 남의 비위에 맞도록 꾸민 달콤한 말과 이로운 조건을 붙여 꾀는 말.

○ 感之德之(감지덕지): 분에 넘치는 듯 매우 고맙게 여기는 모양.

○ 甘呑苦吐(감탄고토): 달면 삼키고 쓰면 뱉는다는 뜻으로 사리(事理)의 옳고 그름을 따지지 않고 자기 비위에 맞으면 좋아하고 맞지 않으면 싫어한다는 말.

○ 甲論乙駁(갑론을박): 서로 자기의 의견을 내세워 남의 의견을 반박함.

○ 江湖煙波(강호연파): 강이나 호수 위에 안개처럼 보얗게 이는 잔물결

○ 改過遷善(개과천선): 잘못을 고쳐 선하게 됨.

○ 蓋世之才(개세지재): 온 세상을 뒤덮을 만큼 뛰어난 재능, 또는 그러한 인물을 이르는 말.

○ 去頭截尾(거두절미): 머리와 꼬리를 잘라 버린다는 뜻으로, 요점만을 남기고 앞뒤의 사설을 빼어버림.

○ 居安思危(거안사위): 편안히 살 때 위태로움을 생각함.

○ 去者必反(거자필반): 떠난 사람은 반드시 돌아옴.

○ 格物致知(격물치지): 사물의 이치를 연구하여 후천적인 지식을 명확히 함.

○ 隔世之感(격세지감): 많은 진보·변화를 겪어서 딴 세상처럼 여겨지는 느낌.

○ 見利思義(견리사의): 이익을 보면 그것이 의(義)에 맞는가를 먼저 생각해야 한다는 말.

○ 見物生心(견물생심): 물건을 보면 그것을 가지고 싶은 욕심이 생김.

○ 見善從之(견선종지): 착한 일이나 착한 사람을 보면 그것을 따르라는 말.

○ 結者解之(결자해지): 맺은 사람이 그것을 푼다. 원인을 제공한 사람이 해결해야 한다.

○ 結草報恩(결초보은): 죽더라도 은혜를 잊지 않고 갚음.

○ 傾國之色(경국지색): 나라의 운명을 위태롭게 할 만한 미인.

○ 鷄卵有骨(계란유골): 계란이 곯았다는 말로, 뜻밖의 장애물이 생김을 이르는 말. 운 없는 사람이 좋은 기회를 만났으나 역시 잘 안될 때를 일컬음.

○ 鷄鳴狗盜(계명구도): 닭 울음소리를 내고 개처럼 들어가 도둑질함. 사소한 재주로 남을 속임.

○ 孤掌難鳴(고장난명): 손바닥 하나로는 소리가 나지 않음. 혼자 힘으로 일하기 어렵다는 말.

○ 苦盡甘來(고진감래): 괴로움이 다하면 즐거움이 옴.

○ 曲學阿世(곡학아세): 학문을 왜곡하여 세속에 아부함.

○ 誇大妄想(과대망상): 자기의 능력·용모·지위 등을 과대하게 평가하여 사실인 것처럼 믿는 일, 또는 그런 생각.

○ 過猶不及(과유불급): 지나침은 미치지 못함과 같다는 뜻으로, 중용(中庸)의 중요함을 이르는 말.

○ 過而不改(과이불개): 잘못하고서 고치지 않는 것.

○ 管鮑之交(관포지교): 매우 친한 친구의 사귐을 비유함.

- 刮目相對(괄목상대): 눈을 비비고 다시 본다는 말로 곧 다른 사람의 학문이나 덕망, 기술 등이 크게 발전한 것을 이르는 말.
- 矯角殺牛(교각살우): 소의 뿔을 바로잡으려다가 소를 죽인다는 뜻으로 결점이나 흠을 고치려다가 수단이 지나쳐서 도리어 일을 그르침을 이르는 말.
- 巧言令色(교언영색): 남의 환심을 사려고 아첨하는 교묘한 말과 보기 좋게 꾸미는 얼굴빛.
- 敎學相長(교학상장): 가르치고 배우며 서로 증진함.
- 口蜜腹劍(구밀복검): 입에는 꿀이 있으나 배에는 칼이 있다는 뜻으로, 겉으로는 친절한 체하나 속으로는 해칠 생각을 가짐을 이르는 말.
- 口尙乳臭(구상유취): 입에서 젖내가 날 만큼 언행이 유치함.
- 九牛一毛(구우일모): 많은 것 가운데 극히 적은 것을 말함.
- 口禍之門(구화지문): 입은 재앙을 불러들이는 문.
- 群鷄一鶴(군계일학): 닭 무리 속에 끼어 있는 한 마리의 학. 평범한 사람 가운데서 뛰어난 사람을 일컫는 말.
- 群盲撫象(군맹무상): 여러 맹인이 코끼리를 더듬음. 자기 좁은 소견과 주관으로 사물을 그릇 판단함.

○ 君子三樂(군자삼락): 군자의 세 가지 즐거움. 부모가 다 살아 계시고 형제가 다 무고한 일, 위로 하늘과 아래로 사람에게 부끄러운 것이 없는 일, 천하의 영재를 얻어서 가르치는 일.

○ 窮餘之策(궁여지책): 막다른 골목에서 그 국면을 타개하려고 생각다 못해 짜낸 꾀.

○ 權謀術數(권모술수): 목적 달성을 위해서는 인정이나 도덕을 가리지 않고 권세와 모략 중상 등 갖은 방법과 수단을 쓰는 술책.

○ 權不十年(권불십년): 아무리 높은 권세라도 10년을 지속하기 어려움을 이르는 말.

○ 勸善懲惡(권선징악): 착한 행실을 권장하고 악한 행실을 징계함.

○ 克己復禮(극기복례): 자기의 사사로운 욕심을 이겨내고 예를 회복한다는 뜻으로, 사사로운 욕심을 누르고 예의범절을 지침으로 이르는 말.

○ 近墨者黑(근묵자흑): 먹을 가까이하는 사람은 검어진다는 뜻으로, 나쁜 사람과 사귀면 물들기 쉬움.

○ 金蘭之契(금란지계): 친구 사이의 우의가 두터움.

○ 錦上添花(금상첨화): 비단 위에 꽃을 더한다는 뜻으로 좋고 아름다운 것 위에 더 좋은 것을 더함.

○ 金石盟約(금석맹약): 금과 돌같이 굳게 맹세해 맺은 약속.

○ 錦衣夜行(금의야행): 비단옷을 입고 밤에 다닌다는 뜻으로, 아무 보람 없는 행동을 이르는 말.

○ 錦衣還鄕(금의환향): 비단옷을 입고 고향으로 돌아온다는 뜻이니 타향에서 크게 성공하여 고향으로 돌아옴.

○ 金枝玉葉(금지옥엽): 임금의 자손이나 집안 또는 귀여운 자손을 소중하게 일컫는 말.

○ 氣高萬丈(기고만장): 일이 뜻대로 잘 되어 기세가 대단함.

○ 騎虎之勢(기호지세): 호랑이 등에 타고 앉으면, 멈출 때까지는 내려올 수 없다. 일을 시작한 다음에 도중에서 그만둘 수 없는 형편을 말함.

○ 洛陽紙貴(낙양지귀): 쓴 글의 평판이 널리 알려짐. 혹은 저서가 많이 팔리는 것을 말할 때 쓰는 말.

○ 落花流水(낙화유수): 떨어지는 꽃과 흐르는 물. 가는 봄의 정경. 남녀 간의 그리운 심정을 뜻하기도 함.

○ 難兄難弟(난형난제): 누구를 형이라 하고 동생이라 하기 어려움. 사물의 우열이 없음.

○ 老馬之智(노마지지): 경험이 풍부하고 숙달된 지혜. 쓸모없는 사람도 때로는 유용함을 이르는 말.

○ 勞心焦思(노심초사): 몹시 마음을 졸이고 애태우며 생각함. 어떤 일에 걱정과 고민을 심하게 많이 하는 것을 일컬음.

○ 多多益善(다다익선): 많으면 많을수록 좋다.

○ 斷金之交(단금지교): 둘이 마음을 합하면 쇠라도 자를 수 있는 사이. 사귀는 정이 매우 깊은 벗.

○ 斷機之戒(단기지계): 맹자가 공부하던 도중 집으로 돌아왔을 때 그의 어머니가 짜던 베틀의 실을 끊어 훈계하였다는 데서 유래함. 학문을 중도에서 그만둠은 짜던 베의 날을 끊는 것과 같다.

○ 單刀直入(단도직입): 홀몸으로 칼을 휘두르며 적진으로 거침없이 쳐들어감. 요점을 바로 풀이함.

○ 堂狗風月(당구풍월): 서당 개 3년이면 풍월을 읊음. 어리석은 사람이라 할지라도 오랫동안 늘 보고 들은 일은 쉽게 해낼 수 있음을 의미함.

○ 大器晩成(대기만성): 큰 그릇은 이루어짐이 더디듯이 크게 되는 사람은 성공이 늦다는 말.

○ 大同小異(대동소이): 서로 비슷비슷함.

○ 大義滅親(대의멸친): 국가와 국민 등 공공의 이익과 같은 중대한 의리를 위하여 가족, 친척 등 골육의 사사로운 정리(情理)를 희생함. 공공(公共)을 제일로 여기는 자세를 이르는 말.

○ 讀書三到(독서삼도): 독서를 하는 데 세 가지 행위에 이르러야 함. 즉, 눈으로 보고, 입으로 읽고, 마음으로 심득해야 함을 이르는 말.

○ 同價紅裳(동가홍상): 같은 값이면 다홍치마. 이왕이면 좋은 것을 택한다는 의미.

○ 東問西答(동문서답): 동쪽에서 묻는데 서쪽에다 대답한다. 묻는 말에 대하여 전혀 엉뚱하게 대답함을 이르는 말.

○ 同病相憐(동병상련): 처지가 서로 비슷한 사람끼리 서로 동정하고 도움.

○ 同床異夢(동상이몽): 한 침상에 누워 다른 꿈을 꿈. 같은 처지와 입장에서 저마다 다른 생각을 하는 것을 비유함.

○ 杜門不出(두문불출): 세상과 인연을 끊고 나가지 않음.

○ 登高自卑(등고자비): 높은 곳에 이르기 위해서는 낮은 곳부터 밟아야 한다. 일을 하는 데는 반드시 차례를 밟아야 한다. 지위가 높아질수록 자신을 낮춘다는 의미로도 쓰임.

○ 登龍門(등용문): 용문에 오름. 심한 난관을 극복하고 비약의 기회를 잡는 것을 일컬음.

○ 燈下不明(등하불명): 등잔 밑이 밝지 않다.

○ 燈火可親(등화가친): 가을이 되어 서늘하면 밤에 불을 가까이 하여 글 읽기에 좋다는 말.

○ 馬耳東風(마이동풍): 말의 귀에 스치는 동풍. 남의 말을 귀담아듣지 않고 흘려버림.

○ 莫上莫下(막상막하): 더 낫고 더 못함의 차이가 거의 없음.

○ 莫逆之友(막역지우): 참된 마음으로 서로 거역할 수 없이 매우 친한 벗을 말함.

○ 萬頃蒼波(만경창파): 한없이 넓고 푸른 바다를 이르는 말

○ 望雲之情(망운지정): 구름을 바라보는 심정. 자식이 타향에서 고향의 부모를 그리는 정을 말함.

○ 麥秀之歎(맥수지탄): 나라를 잃은 후의 한탄.

○ 孟母三遷(맹모삼천): 맹자의 어머니가 맹자의 교육을 위해 묘지, 시장, 서당의 세 곳에 걸쳐 이사했던 일.

○ 明若觀火(명약관화): 불을 보는 듯이 환하게 분명히 알 수 있음.

○ 目不識丁(목불식정): 낫 놓고 'ㄱ'자도 모를 만큼 무식함.

○ 目不忍見(목불인견): 차마 눈 뜨고 볼 수 없는 참상.

○ 夢寐之間(몽매지간): 자는 동안. 꿈을 꾸는 동안. 자나 깨나.

○ 武陵桃源(무릉도원): 신선이 살았다는 전설적인 중국의 명승지. 속세를 떠난 별천지.

○ 文房四友(문방사우): 서재에 갖추어야 할 네 가지. 종이(紙), 붓(筆), 벼루(硯), 먹(墨)

○ 門前成市(문전성시): 권세가 드날리거나 부자가 되어 문 앞이 찾아오는 손님들로 마치 시장을 이룬 것 같음.

○ 拍掌大笑(박장대소): 손바닥을 치면서 크게 웃음.

○ 反哺之孝(반포지효): 까마귀 새끼가 자라서 그 어버이에게 먹이를 먹여주는 일. 자식이 부모의 은혜에 보답함을 비유함.

○ 傍若無人(방약무인): 주위에 아무도 없는 것처럼 남을 신경 쓰지 않음. 언행이 방자하고 제멋대로 행동하는 것 또는 그러한 사람.

○ 背水陣(배수진): 물을 뒤에 두어 후퇴를 포기하고 공격하는 의도로 펼치는 진법. 필승을 기하여 목숨을 걸고 펼친 진이나 그러한 싸움.

○ 背恩忘德(배은망덕): 은혜를 잊고 도리어 배반함.

○ 白骨難忘(백골난망): 백골이 되어도 잊기 어려움. 죽어도 잊지 못할 큰 은혜를 입음을 뜻함.

○ 百年偕老(백년해로): 백 년 동안 함께 늙음. 부부가 화락하여 함께 늙는 것을 이르는 말.

○ 白面書生(백면서생): 얼굴이 희고 글만 읽는 선비. 한갓 글만 읽고 세상일에 어두운 사람을 일컬음.

○ 白眉(백미): 형제 중에서 가장 뛰어난 사람. 여럿 중에 홀로 우뚝 뛰어난 사람이나 사물.

○ 百世之師(백세지사): 후세에까지 모든 사람에게 본보기가 될 만큼 훌륭한 사람을 이르는 말

○ 百折不屈(백절불굴): 백 번 꺾여도 굽히지 않음.

○ 附和雷同(부화뇌동): 아무런 주견이 없이 남의 의견이나 행동에 덩달아 따름을 이르는 말.

○ 粉骨碎身(분골쇄신): 뼈가 가루가 되고 몸이 부서지도록 힘을 다하고 고생하며 일함.

○ 不問可知(불문가지): 묻지 않아도 알 만함.

○ 不撤晝夜(불철주야): 밤낮을 가리지 않음.

○ 不恥下問(불치하문): 아래 사람에게 배우는 것을 부끄럽게 여기지 않음.

○ 非夢似夢(비몽사몽): 꿈인지 생시인지 알 수 없는 어렴풋함을 이르는 말.

○ 非一非再(비일비재): 한두 번이 아님.

○ 四顧無親(사고무친): 사방을 둘러봐도 가족이나 친척이 없어 의지할 곳 없이 외로움.

○ 四面楚歌(사면초가): 사방에서 들려오는 초(楚)나라의 노래. 사방이 다 적에게 싸여 도움이 없이 고립되어 더 이상 어떻게 해볼 도리가 없는 상황.

○ 砂上樓閣(사상누각): 모래 위에 지은 집, 곧 기초가 약하거나 실현 불가능한 일.

○ 辭讓之心(사양지심): 겸손히 사양할줄 아는 마음.

○ 蛇足(사족): 뱀의 발. 쓸데없는 것을 덧붙여 일을 망침.

○ 事必歸正(사필귀정): 무슨 일이든 옳은 이치대로 돌아감.

○ 山戰水戰(산전수전): 산에서의 전투와 물에서의 전투를 다 겪음. 세상일에 경험이 많다는 뜻.

○ 殺身成仁(살신성인): 목숨을 버려 어진 일을 이룸. 절개를 지켜 목숨을 버림.

○ 三人成虎(삼인성호): 거짓말이라도 여럿이 말하면 참말로 듣는다는 뜻.

○ 桑田碧海(상전벽해): 뽕나무밭이 변하여 푸른 바다가 됨. 세상일의 변천이 심하여 사물이 바뀜.

○ 塞翁之馬(새옹지마): 변방에 사는 노인의 말. 세상일은 복이 될지 화가 될지 예측할 수 없음.

○ 先見之明(선견지명): 일어날 일을 미리 짐작하는 밝은 지혜.

○ 雪上加霜(설상가상): 눈 위에 또 서리가 덮인다는 뜻으로 불행이 엎친 데 덮친 격으로 거듭 생김.

○ 小貪大失(소탐대실): 작은 이익을 탐내다가 오히려 큰 이익을 잃고 손해를 보게 되는 경우.

○ 束手無策(속수무책): 어찌할 도리 없이 꼼짝 못 함.

○ 送舊迎新(송구영신): 해를 보내고 새해를 맞이함.

○ 首邱初心(수구초심): 여우가 죽을 때 머리를 제 살던 굴 쪽으로 두고 죽는다는 뜻으로 고향을 그리워하는 마음을 일컫는 말.

○ 水到魚行(수도어행): 물이 이르면 고기가 그 물로 가게 됨. 무슨 일이건 때가 되면 이루어진다는 의미.

○ 手不釋卷(수불석권): 손에서 책을 놓지 않음. 즉, 부지런히 학문에 힘씀.

○ 袖手傍觀(수수방관): 팔짱을 끼고 보고만 있음. 어떤 일을 당하여 옆에서 보고만 있는 것을 이름.

○ 水魚之交(수어지교): 물과 고기의 관계처럼 교분이 매우 깊은 것을 말함.

○ 守株待兎(수주대토): 그루터기를 지키고 토끼를 기다린다는 뜻으로, 불가능한 일을 바라는 것을 이름.

○ 脣亡齒寒(순망치한): 입술이 없으면 이가 시리다는 뜻으로. 서로 돕던 사람이 망하면 다른 한쪽 사람도 함께 위험해짐을 이르는 말.

○ 是是非非(시시비비): 옳고 그름을 가림.

○ 食言(식언): 한 번 입에서 나온 말을 입으로 삼킴. 말한 것을 실행하지 않음을 이르는 말.

○ 識字憂患(식자우환): 글자를 아는 것이 도리어 근심거리가 된다는 뜻으로. 즉, 학식이 있는 것이 도리어 근심을 사게 됨을 말함.

○ 身言書判(신언서판): 사람됨을 판단하는 네 가지 기준. 신수(身手)와 말씨와 문필과 판단력.

○ 實事求是(실사구시): 있는 그대로의 사실 즉, 실제에 따라서 그 일의 진상을 찾고 구하는 것을 말함.

○ 深思熟考(심사숙고): 깊이 생각하고 자세하게 살펴봄.

○ 十伐之木(십벌지목): 열 번 찍어 안 넘어가는 나무가 없다.

○ 十匙一飯(십시일반): 열 사람이 한 술씩 보태면 한 사람 먹을 분량이 된다는 뜻. 여러 사람이 힘을 합하면 한 사람을 돕기는 쉽다.

○ 我田引水(아전인수): 자기에게 유리하도록 행동하는 것을 비유하는 말.

○ 安貧樂道(안빈낙도): 구차하고 궁색하면서도 그것에 구속되지 않고 편안하게 즐기는 마음으로 살아감. 또는 가난에 구애받지 않고 도(道)를 즐김을 이르는 말.

○ 眼下無人(안하무인): 눈앞에 사람이 없는 듯이 말하고 행동함. 태도가 몹시 거만하여 남을 사람같이 대하지 않음을 말함.

○ 羊頭狗肉(양두구육): 양의 머리를 내걸고 개고기를 판다는 뜻으로 겉모양은 훌륭하나 속은 변변치 않음을 이르는 말

○ 良藥苦口(양약고구): 좋은 약은 입에 씀.

○ 漁父之利(어부지리): 둘이 다투는 사이에 제삼자가 이득을 보는 것을 비유하는 말.

○ 語不成說(어불성설): 말이 하나의 일관된 논의로 되지 못함. 즉, 말이 말로 이루어지지 않음.

○ 言中有骨(언중유골): 말에 뼈가 있다. 예사로운 말속에 깊은 뜻이 있음.

○ 如履薄氷(여리박빙): 얇은 얼음을 밟는 듯 매우 위험함.

○ 與民同樂(여민동락): 왕이 백성과 즐거움을 함께함.

○ 如反掌(여반장): 손바닥을 뒤집는 것과 같이 매우 쉬움.

○ 易地思之(역지사지): 상대방과 처지를 바꿔 생각해 봄.

○ 緣木求魚(연목구어): 나무에 올라가 고기를 구함. 불가능한 일을 하고자 할 때를 비유하는 말

○ 五里霧中(오리무중): 5리나 계속되는 안개 속에 있음. 멀리 낀 안개 속에서 길을 찾기가 어려운 것처럼 일의 갈피를 잡기 어려움.

○ 吾鼻三尺(오비삼척): 내 코가 석 자. 내 일도 감당 못해 남을 도울 여유가 없음을 뜻함.

○ 烏飛梨落(오비이락): 까마귀 날자 배 떨어진다. 공교롭게도 어떤 일이 같은 때에 일어나 남의 의심을 받게 됨을 이르는 말.

○ 五十步百步(오십보백보): 오십 보 도망간 자가 백 보 도망간 자를 비웃었던 고사에서 유래한 말로, 양쪽에 차이는 있으나 본질적으로 같음을 이르는 말.

○ 吳越同舟(오월동주): 서로 적대 관계에 있던 오(吳)나라 군사와 월(越)나라 군사가 한배에 탐. 서로 적의(敵意)를 품고 있는 사람이 같은 곳에 있거나 같은 처지를 이르는 말

○ 烏合之卒(오합지졸): 까마귀 떼와 같이 조직도 훈련도 없이 모인 병사.

○ 溫故知新(온고지신): 옛것을 익히어 새것을 앎.

○ 樂山樂水(요산요수): 지혜 있는 자는 사리에 통달하여 물과 같이 막힘이 없으므로 물을 좋아하고, 어진 자는 의리에 밝고 산처럼 중후하여 변하지 않으므로 산을 좋아한다는 뜻.

○ 欲速不達(욕속부달): 서두르면 목표에 도달하지 못함.

○ 龍頭蛇尾(용두사미): 용의 머리에 뱀에 꼬리. 처음엔 그럴듯 하다가 끝이 흐지부지됨.

○ 愚公移山(우공이산): 우공(愚公)이라는 노인이 자기 집 앞의 산을 딴 곳으로 옮기려고 노력하여 결국은 이루어 내었다는 고사. 무슨 일이든지 꾸준히 노력하면 이룰 수 있음.

○ 牛耳讀經(우이독경): 소귀에 경 읽기. 아무리 말해도 소용없는 일, 또는 그처럼 무지한 사람을 가리킴.

○ 雨後竹筍(우후죽순): 비가 내린 뒤에 죽순이 나듯이 한때 어떤 일이 많이 일어나는 것을 비유하는 말.

○ 韋編三絶(위편삼절): 책을 많이 읽어서 그것을 엮어놓은 끈이 세 번이나 끊어졌다는 말로, 한 권의 책을 몇십 번이나 되풀이해서 읽음을 이르는 말.

○ 有口無言(유구무언): 입은 있어도 할 말이 없음. 변명할 말이 없음을 일컫는 말.

○ 有備無患(유비무환): 미리 준비가 있으면 뒷걱정이 없음.

○ 唯我獨尊(유아독존): 세상에 나보다 더 높은 사람이 없다고 뽐내는 말.

○ 流言蜚語(유언비어): 근거 없이 퍼진 말.

○ 類類相從(유유상종): 비슷한 사람끼리 서로 모이게 됨을 비유하는 말.

- ○ 隱忍自重(은인자중): 은근하게 참고 스스로 신중히 함. 견디고 참음을 이르는 말.
- ○ 吟風弄月(음풍농월): 시를 짓고 흥취를 자아내어 놀음.
- ○ 以心傳心(이심전심): 마음으로 마음을 전함. 말을 하지 않더라도 서로 마음이 통하여 앎.
- ○ 因果應報(인과응보): 원인과 결과에는 반드시 그에 합당한 이유가 있음.
- ○ 一擧兩得(일거양득): 하나의 행동으로 두 가지의 성과를 거두는 것.
- ○ 一魚濁水(일어탁수): 물고기 한 마리가 큰물을 흐리게 함. 곧 한 사람의 악행으로 인하여 여러 사람이 피해를 받음.
- ○ 一場春夢(일장춘몽): 한낱 봄의 꿈, 부질없는 일. 인생의 부귀영화가 꿈처럼 덧없이 사라지는 것을 비유.
- ○ 日就月將(일취월장): 나날이 발전하고 다달이 진보함.
- ○ 一筆揮之(일필휘지): 단숨에 글씨나 그림을 쓰거나 그림.
- ○ 自家撞着(자가당착): 사람의 언행이 앞뒤가 어긋나 모순됨
- ○ 自强不息(자강불식): 스스로 힘쓰고 쉬지 아니함.
- ○ 自激之心(자격지심): 자기의 일에 스스로 미흡한 생각을 가짐.
- ○ 自愧之心(자괴지심): 스스로 부끄럽게 여기는 마음.
- ○ 自暴自棄(자포자기): 자신을 포기해서 돌아보지 않음.
- ○ 自畵自讚(자화자찬): 자기의 그림을 스스로 칭찬함.
- ○ 作心三日(작심삼일): 결심이 오래 계속되지 못함.

○ 賊反荷杖(적반하장): 도둑이 도리어 매를 듦. 잘못한 사람이 오히려 잘한 사람을 나무랄 때 씀.

○ 輾轉反側(전전반측): 생각과 고민이 많아 잠을 이루지 못함.

○ 漸入佳境(점입가경): 가면 갈수록 경치가 아름다워짐. 일이 점점 더 재미있는 지경으로 돌아감.

○ 頂門一鍼(정문일침): 정수리에 침을 놓음. 잘못의 급소를 찔러 충고하는 것을 말함.

○ 朝令暮改(조령모개): 아침에 내린 법령을 저녁에 고침. 법령을 자꾸 바꿔서 종잡을 수 없음.

○ 朝三暮四(조삼모사): 아침에 3개 저녁에 4개. 간사한 꾀로 사람을 속여 희롱함, 눈앞에 당장 나타나는 차이만을 알고 정작 그 결과가 같은지 모름.

○ 助長(조장): 바람직하지 않은 일을 부추김.

○ 鳥足之血(조족지혈): 새 발의 피. 아주 보잘것없음.

○ 種豆得豆(종두득두): 콩 심은 데 콩 난다. 뿌린 대로 거둠.

○ 坐不安席(좌불안석): 마음에 불안이나 근심 등이 있어 한자리에 오래 앉아 있지 못함.

○ 坐井觀天(좌정관천): 우물에 앉아 하늘을 봄. 견문이 좁음.

○ 左之右之(좌지우지): 제 마음대로 자유롭게 처리함. 어떤 일이나 사람을 마음대로 지휘함.

○ 左衝右突(좌충우돌): 이리저리 마구 찌르고 부딪침.

○ 主客顚倒(주객전도): 주인과 손님의 입장이 뒤바뀐 것을 말함.

○ 晝耕夜讀(주경야독): 낮에는 밭을 갈고 밤에는 책을 읽음.

○ 走馬加鞭(주마가편): 달리는 말에 채찍을 더함. 곧 잘하는 사람에게 더 잘하도록 질책함.

○ 走馬看山(주마간산): 말을 달리면서 산을 봄. 바빠서 자세히 보지 못하고 건성으로 지나침.

○ 晝夜長川(주야장천): 밤낮 쉬지 않고 흐르는 시냇물과 같이 늘 잇따름.

○ 酒池肉林(주지육림): 술로 이루어진 연못과 고기로 이루어진 숲. 호화로움이 극에 달한 술잔치. 호화로운 생활을 비유하는 말.

○ 竹馬故友(죽마고우): 죽마를 타고 놀던 벗, 곧 어릴 때 같이 놀던 친한 친구.

○ 衆口難防(중구난방): 뭇사람의 말을 막기는 어려움. 의견이 모이지 않고 저마다의 소견을 펼침.

○ 重言復言(중언부언): 했던 말을 되풀이함.

○ 指鹿爲馬(지록위마): 사슴을 가리켜 말이라고 함. 윗사람을 농락하여 권세를 마음대로 함.

○ 知音(지음): 음악의 곡조를 앎. 마음이 통하는 친한 벗.

○ 知彼知己(지피지기): 상대를 알고 나를 앎.

○ 進退兩難(진퇴양난): 이러지도 저러지도 못하는 난처한 처지.

○ 滄海遺珠(창해유주): 세상에 알려지지 않은 인물이나 보배를 비유하는 말.

○ 天高馬肥(천고마비): 하늘은 높고 말이 살찌는 계절(가을)

○ 千慮一得(천려일득): 천 번 생각하면 하나는 얻음.

○ 千慮一失(천려일실): 여러 번 생각하여 신중하고 조심스럽게 한 일에도 때로는 한 가지 실수가 있음.

○ 千載一遇(천재일우): 천 년에나 한번 만날 기회. 곧 좀처럼 얻기 어려운 기회를 말함.

○ 千篇一律(천편일률): 시문(詩文)의 격조가 비슷비슷함. 사물이 모두 비슷함.

○ 青雲之志(청운지지): 입신출세에 대한 야망.

○ 青出於藍(청출어람): 푸른색 염료는 쪽에서 얻지만, 쪽보다 푸르다. 제자나 후배가 스승이나 선배보다 나음을 비유적으로 이르는 말

○ 草綠同色(초록동색): 풀빛과 녹색은 같은 빛깔이라는 뜻으로 같은 처지나 같은 부류의 사람들끼리 함께 행동함을 이르는 말.

○ 初志一貫(초지일관): 처음 품은 뜻을 한결같이 꿰뚫음.

○ 寸鐵殺人(촌철살인): 조그만 쇠붙이로 사람을 죽임. 간단한 말로 사물의 요점을 찔러서 듣는 사람을 감동하게 하거나 약점을 찔리게 함.

○ 春秋筆法(춘추필법): 대의명분을 밝혀 세우는 사필(史筆)의 논법.

○ 忠言逆耳(충언역이): 충고하는 말은 귀에 거슬림.

○ 七顚八起(칠전팔기): 7번 넘어져도 8번째 또 일어남. 여러 번 실패해도 굽히지 않고 분투함.

○ 他山之石(타산지석): 다른 산의 나쁜 돌이라도 소용이 될 수 있음. 다른 사람의 하찮은 언행도 자신을 연마하는 데 도움이 된다는 말.

○ 卓上空論(탁상공론): 탁자 위에서만 펼치는 실현성이 없는 논설.

○ 貪官汚吏(탐관오리): 탐욕이 많고 마음이 깨끗하지 못한 관리.

○ 泰山北斗(태산북두): 태산과 북두칠성. 여러 사람이 우러러보는 존경받는 뛰어난 인물을 일컫는 말.

○ 破竹之勢(파죽지세): 걷잡을 수 없이 나아가는 세력.

○ 破天荒(파천황): 천지가 아직 열리지 않은 때를 깨뜨리고 새로운 세상을 만듦. 이전에 아무도 하지 못한 일을 해냄.

○ 八方美人(팔방미인): 어느 곳에서 보아도 아름다운 미인. 여러 방면의 일에 능통한 사람.

○ 表裏不同(표리부동): 겉과 속이 같지 않음.

○ 風前燈火(풍전등화): 바람 앞에 켠 등불. 매우 위급한 처지.

○ 下石上臺(하석상대): 아랫돌 빼서 윗돌 괴고 윗돌 빼서 아랫돌 괸다. 임시변통으로 둘러맞춤.

○ 鶴首苦待(학수고대): 학의 목처럼 목을 길게 늘여 몹시 기다림.

○ 咸興差使(함흥차사): 태조 이성계를 모시러 함흥에 갔다가 돌아오지 않은 사신. 심부름을 간 사람이 소식이 없거나 좀처럼 오지 않음.

○ 虛無孟浪(허무맹랑): 터무니없이 허황하고 실상이 없음.

○ 虛心坦懷(허심탄회): 마음에 아무 거리낌이 없고 솔직함.

○ 螢雪之功(형설지공): 반딧불과 눈빛으로 글을 읽어가며 고생 속에서 이룬 공(功)

○ 狐假虎威(호가호위): 여우가 호랑이 가면을 쓰고 위세를 부림. 남의 힘을 빌려 위세를 부림.

○ 好事多魔(호사다마): 좋은 일에는 방해가 되는 일이 많음.

○ 虎死留皮(호사유피): 호랑이가 죽으면 가죽을 남김. (사람도 죽은 뒤에 이름을 남겨야 함.)

○ 浩然之氣(호연지기): 세상에 꺼릴 것 없는 크고 넓은 도덕적 용기

○ 胡蝶之夢(호접지몽): 장자(莊子)가 나비가 되어 날아다닌 꿈. 물아일체(物我一體)의 경지. 인생의 덧없음.

○ 魂飛魄散(혼비백산): 몹시 놀라 정신이 없음.

○ 昏定晨省(혼정신성): 아침저녁으로 부모의 안부를 물어 살핌.

○ 畵龍點睛(화룡점정): 용을 그려 놓고 마지막으로 눈을 그려 넣음. 가장 중요한 점을 완성함.

○ 畵中之餠(화중지병): 그림 속의 떡.

○ 換骨奪胎(환골탈태): 뼈를 바꾸고 태를 벗음. 몸, 얼굴, 시, 문장이 완전히 새로워짐.

○ 荒唐無稽(황당무계): 말이나 행동이 거칠고 터무니없음.

○ 會者定離(회자정리): 만나면 반드시 헤어지기 마련임.

○ 橫說竪說(횡설수설): 조리(條理)가 없이 하는 말.

○ 後生可畏(후생가외): 후진들이 (젊고 기력이 있어) 두렵게 여겨짐.

○ 厚顔無恥(후안무치): 얼굴이 두꺼워 부끄러운 줄 모름.

○ 興亡盛衰(흥망성쇠): 흥하고 망함, 융성함과 쇠퇴함. 융성했다가 망하고 다시 흥하는 것처럼 순환하는 세상의 이치.

05 | 단문(短文)

<table>
<tr><td rowspan="2">단문(短文)</td><td>· 격언(格言), 속담(俗談), 명언(名言)·명구(名句), 기타 한문교육에 활용하기 위하여 만든 하나의 문장으로 이루어진 짧은 글.
· 한문으로 쓰인 작품 또는 저술 일부에서 발췌하거나 가공한 것</td></tr>
<tr><td>· 격언: 인생에 대한 교훈이나 경계 따위를 간결하게 표현한 짧은 말
· 속담: 예로부터 전해 내려와 민중들의 공감을 얻어 널리 퍼진 것. 생활에서 생겨난 소박하고 짧은 말이다
· 명언·명구: 선현들이 깊은 사색과 체험을 통하여 터득한 사물의 이치, 인격의 수양과 처세의 지침, 자신의 인생관이나 철학 등을 표현한 짧은 말이나 글귀</td></tr>
</table>

出必告 反必面

→ 나갈 때는 반드시 고하고 돌아오면 반드시 뵙는다.

☑ 告: 알리다 (고), 아뢰다 (곡)

☑ 面(면): 얼굴을 뵙다

滿招損 謙受益

→ 교만은 손해를 부르고 겸손은 이익을 받는다.

☑ 滿(만): 차다, 넉넉하다, 교만

☑ 招(초): 부르다, 구하다.

☑ 損(손): 덜다, 줄이다, 손해

☑ 謙(겸): 겸손

☑ 受(수): 받다

☑ 益(익): 더하다, 이익

* 愛(애): 사랑하다, 아끼다

愛人者 人恒愛之

→ 남을 사랑하는 자는 남이 항상 그를 사랑한다.

☑ 人(인): 사람, 타인

☑ 恒(항): 항상, 언제나, 늘

☑ 之(지): 가다, 어조사(~는(은), ~의, 그·그것)

不燃之突 烟不生

→ 불을 때지 않은 굴뚝에 연기 나지 않는다.

☑ 燃(연): (불이)타다

☑ 之(지): 가다, 어조사(~는(은), ~의, 그·그것)

☑ 突(돌): 갑자기

☑ 烟(연): 연기

知彼知己 百戰不殆

→ 저들을 알고 자기를 알면 백번 싸워도 위태롭지 않다.

☑ 彼(피): 저, 저 사람

☑ 己(기): 자기

☑ 百(백): 일백

☑ 戰(전): 싸움

☑ 殆(태): 위태롭다

三歲之習 至于八十

→ 세 살의 습관이 팔십에 이른다.

☑ 歲(세): 해

☑ 習(습): 익히다, 습관

☑ 至(지): 이르다

☑ 于(우): 어조사(~에)

來語不美 去語何美

→ 오는 말이 아름답지 않거늘 가는 말이 어찌 아름답겠는가?

☑ 何(하): 어찌

無足之言 飛于千里

→ 발 없는 말이 천 리에 날아간다.

☑ 于(우): 어조사(~에)

☑ 飛(비): 날다

觀美之餌 啖之亦美

→ 보기 좋은 떡은 먹기에도 좋다.

☑ 觀(관): 보다

☑ 餌(이): 미끼, 먹이, 경단(瓊團: 떡)

☑ 啖(담): 먹다

晝語雀聽 夜語鼠聽

→ 낮말은 새가 듣고 밤말은 쥐가 듣는다.

☑ 晝(주): 낮

☑ 雀(작): 참새

☑ 聽(청): 듣다

☑ 夜(야): 밤

☑ 鼠(서): 쥐

十斫之木 罔不顚覆

→ 열 번 찍은 나무는 넘어져 쓰러지지 않는 것이 없다.

☑ 斫(작): 베다, 자르다, 치다

☑ 罔(망): 그물, 없다

☑ 顚(전): 엎드리다

☑ 覆(복): 뒤집히다

他人之宴 曰梨曰柿

→ 남의 잔치에 감 놔라 배 놔라 한다.

☑ 他(타): 다르다

☑ 宴(연): 잔치

☑ 曰(왈): 가로다(일컫다, 말하다)

☑ 梨(리): 배, 배나무

☑ 柿(시): 감, 감나무

昔以甘茹 今乃苦吐

→ 옛날에는 달아서 먹고, 지금은 곧 쓰다고 뱉는다.

☑ 昔(석): 옛날

☑ 以(이): 써

☑ 甘(감): 달다

☑ 茹(여): 먹다, 받다

☑ 今(금): 이제, 지금

☑ 乃(내): 이에, 곧

☑ 苦(고): 쓰다, 괴롭다

☑ 吐(토): 토하다, 뱉다, 펴다, 드러내다

天之方崩 牛出有穴

→ 하늘이 바야흐로 무너지더라도 소가 나오는 구멍은 있다.

☑ 方(방): 방향, 모서리, 바야흐로

☑ 崩(붕): 무너지다

☑ 穴(혈): 구멍

一日之狗 不知畏虎

→ 하룻강아지가 호랑이 두려운 줄 알지 못한다.

☑ 狗(구): 개

☑ 畏(외): 두려워하다

☑ 虎(호): 호랑이

積善之家 必有餘慶

→ 선행을 쌓은 집에는 반드시 남는 경사가 있다.

☑ 餘(여): 남다

☑ 慶(경): 경사

不入虎穴 不得虎子

→ 호랑이 굴에 들어가지 않으면 호랑이 새끼를 얻을 수 없다.

☑ 得(득): 얻다, 이익

讀書千遍 其義自見

→ 책을 천 번 읽으면 그 뜻이 스스로 드러난다.

☑ 讀(독): 읽다

☑ 書(서): 글, 책

☑ 遍(편): 두루, 번, 횟수

☑ 義(의): 옳다, 뜻

☑ 見(현): 나타나다, 드러나다 / 보다 (견)

農夫餓死 枕厥種子

→ 농부는 굶어 죽더라도 그 종자를 베고 죽는다. (① 농부는 죽는 한이 있더라도 종자만은 꼭 보관함. ② 사람은 죽을 때까지 희망을 버리지 않고 앞날을 생각함. ③ 어리석고 인색한 사람은 죽고 나면 재물도 소용이 없음을 모름)

☑ 農(농): 농사

☑ 夫(부): 지아비(남편), 장정(壯丁)

☑ 餓(아): 굶주리다

☑ 死(사): 죽다

☑ 枕(침): 베개, 베다

☑ 厥(궐): 그

☑ 種(종): 씨

☑ 子(자): 아들, 자식, 첫째지지, 남자, 스승, 접미사(接尾辭)

靜則常安 儉則常足

→ 조용하면 항상 편안하고, 검소하면 항상 넉넉하다.

☑ 靜(정): 고요하다
☑ 則(즉): 곧 / 법칙 (칙)
☑ 儉(검): 검소하다
☑ 常(상): 항상(constant)
☑ 足(족): 발, 만족하다

我腹旣飽 不察奴飢

→ 내 배가 이미 부르면 종의 굶주림을 살피지 못한다.

☑ 腹(복): 배
☑ 旣(기): 이미
☑ 飽(포): 배부르다
☑ 察(찰): 살피다
☑ 奴(노): 노예
☑ 飢(기): 굶주리다

積功成塔 終亦不崩

→ 공든 탑은 끝내 또한 무너지지 않는다.

☑ 積(적): 쌓다
☑ 塔(탑): 탑
☑ 終(종): 마치다, 끝내

己所不欲 勿施於人

→ 자기가 하고 싶지 않은 바를 남에게 베풀지 말라.

☑ 所(소): 바(방법, 일)

☑ 勿(물): 말다, 아니다

☑ 施(시): 베풀다

☑ 於(어): 어조사(~에게)

辭讓之心 禮之端也

→ 사양하는 마음은 예의 단서다.

☑ 辭(사): 말, 사양하다

☑ 讓(양): 사양하다, 양보하다

☑ 禮(예): 예도, 예절

☑ 端(단): 끝, 단서(端緖)

人生不學 如冥冥夜行

→ 사람이 살아가면서 배우지 않으면, 어둑어둑한 밤에 다니는 것과 같다.

☑ 冥(명): 어둡다

學業 在汝篤志與否

→ 학업은 너의 돈독한 뜻의 여부에 달려있다.

☑ 業(업): 일

☑ 汝(여): 너

☑ 篤(독): 도탑다

☑ 志(지): 뜻

追友適江南

→ 친구 따라 강남 간다.

☑ 追(추): 좇다, 따르다

☑ 適(적): 가다

言他事食冷粥

→ 타인의 일을 말하는 것은 식은 죽 먹기.

☑ 冷(냉): 차다, 차갑다

☑ 粥(죽): 죽

飛者上有跨者

→ 나는 자 위에 타고 넘는 자 있다.

☑ 跨(과): 타다, 타고 넘다

盡人事待天命

→ 사람으로서 할 수 있는 일에 최선을 다하고 천명을 기다린다.

☑ 盡(진): 다하다, 완수하다

☑ 待(대): 기다리다

橫步行好去京

→ 모로 가도 서울만 가면 된다.

☑ 橫(횡): 가로, 자유자재로

一箇魚渾全川

→ 미꾸라지 한 마리가 온 강물을 흐린다.

☑ 箇(개): 낱, 개

☑ 渾(혼): 흐리다

☑ 全(전): 온전하다

良藥苦於口而利於病

→ 좋은 약은 입에 쓰나 병에는 이롭다.

☑ 良(양): 어질다, 좋다

☑ 藥(약): 약

☑ 而(이): 말 이음, 접속사(but)

☑ 於(어): 어조사(~에)

☑ 病(병): 병

勿謂今日不學而有來日

→ 오늘 배우지 않고서 내일이 있다고 이르지 마라.

☑ 謂(위): 이르다, 일컫다

☑ 而(이): 말 이음, 접속사(and)

無聽之以耳而聽之以心

→ 그것을 귀로써 듣지 말고 그것을 마음으로써 들어라.

☑ 無(무): 없다, 마라(금지하는 말)

前事之不忘 後事之師也

→ 앞일을 잊지 않음은 뒷일의 스승이다.

☑ 忘(망): 잊다

☑ 後(후): 뒤

☑ 師(사): 스승

☑ 也(야): 어조사(종결)

無道人之短 無說己之長

→ 남의 단점을 말하지 말고 자기의 장점을 말하지 말라

☑ 道(도): 길, 도덕, 이치, 말하다

☑ 短(단): 짧다, 단점

☑ 說(설): 말씀

* 設(설): 베풀다

☑ 長(장): 길다, 장점

瓜田不納履 李下不整冠

→ 오이밭에서 신을 신지 말고 오얏나무 아래에서 관을 고쳐 쓰지 말라.

☑ 瓜(과): 오이

☑ 納(납): 바치다, 거두다

☑ 履(리): 신, 신발

☑ 李(리): 오얏나무, 성씨

☑ 整(정): 가지런하다

☑ 冠(관): 갓

水去不復回 言出難更收

→ 물이 흘러가면 다시 돌아올 수 없고 말이 나가면 다시 거두기 어렵다.

☑ 復(복): 다시

☑ 回(회): 돌다, 돌아오다

☑ 難(난): 어렵다

☑ 更(경): 고치다 / 다시 (갱)

☑ 收(수): 거두다

相識滿天下 知心能幾人

→ 얼굴 아는 사람은 세상에 가득하지만 내 마음마저 알아주는 사람은 몇이나 될까?

☑ 相(상): 서로, 얼굴

☑ 識(식): 알다 / 적다 (지)

☑ 滿(만): 가득하다, 교만하다

☑ 幾(기): 몇, 얼마, 어느 정도

水至淸則無魚 人至察則無徒

→ 물이 지극히 맑으면 물고기가 없고 사람이 지극히 살피면 무리가 없다.

☑ 至(지): 이르다, 지극하다

☑ 淸(청): 맑다

☑ 察(찰): 살피다

☑ 徒(도): 무리

寧測十丈水深 難測一丈人心

→ 차라리 열 길 물속은 헤아릴 수 있으나 한 길 사람의 마음은 헤아리기 어렵다.

☑ 寧(영): 편안하다, 차라리

☑ 測(측): 헤아리다, 재다

☑ 丈(장): 어른, 길이(10尺)

謂學不暇者 雖暇 亦不能學矣

→ 배울 겨를이 없다고 말하는 자는 비록 겨를이 있어도 또한 배울 수 없다.

☑ 暇(가): 겨를, 틈

☑ 者(자): 사람

☑ 雖(수): 비록

☑ 能(능): 능하다, ~할 수 있다

☑ 矣(의): 어조사(단정, 종결)

成功之難 如登山 失敗之易 如燒毛

→ 성공의 어려움은 산을 오르는 것과 같고 실패의 쉬움은 털을 태우는 것과 같다.

☑ 登(등): 오르다

☑ 失(실): 잃다 * 先(선): 먼저

☑ 敗(패): 깨뜨리다, 부수다

☑ 易(이): 쉽다 / 바꾸다 (역)

☑ 燒(소): 불사르다, 태우다

☑ 毛(모): 털 * 手(수): 손

不足之足 每有餘 足而不足 常不足

→ 부족하더라도 족하다고 생각하면 매번 여유가 있고, 족하지만 부족하다고 여기면 항상 부족하다.

☑ 每(매): 매양, 번번이

☑ 餘(여): 남다

玉不琢 不成器 人不學 不知道

→ 옥을 다듬지 않으면 그릇을 이룰 수 없고 사람이 배우지 않으면 도를 알지 못한다.

☑ 玉(옥): 옥

☑ 琢(탁): 쪼다, 옥을 다듬다

☑ 器(기): 그릇

知之者 不如好之者 好之者 不如樂之者

→ 아는 사람은 좋아하는 사람만 못하고, 좋아하는 사람은 즐기는 사람만 못하다.

☑ 樂(락): 즐기다 / 노래 (악) / 좋아하다 (요)

二人同心 其利斷金 同心之言 其臭如蘭

→ 두 사람이 마음을 같이하면 그 날카로움이 쇠를 자를 것이고 마음을 같이하는 말은 그 냄새가 난초와 같다.

☑ 斷(단): 끊다, 자르다

☑ 其(기): 그

☑ 利(이): 이롭다, 이득, 날카롭다

☑ 蘭(난): 난초

太山 不讓土壤 故能成其大 河海 不擇細流 故能就其深

→ 태산은 한 줌 흙을 거절하지 않으므로 그 거대함을 이룰 수 있는 것이며, 바다는 가는 물줄기를 가리지 않으므로 그 깊음을 이룰 수 있는 것이다.

☑ 太(태): 크다

☑ 故(고): 옛날, 까닭(그러므로)

☑ 擇(택): 가리다

☑ 細(세): 가늘다

☑ 流(류): 흐르다

☑ 就(취): 이루다

☑ 深(심): 깊다, 깊게 하다

身體髮膚 受之父母 不敢毁傷 孝之始也

立身行道 揚名於後世 以顯父母 孝之終也

→ 신체와 모발 피부는 그것을 부모에게 받았으니 감히 훼손시키거나 상하게 하지 못함이 효의 시작이고, 몸을 세워 도를 행하여 후세에 이름을 떨쳐서 부모를 드러냄이 효의 마침이니라.

☑ 體(체): 몸

☑ 髮(발): 터럭

☑ 膚(부): 살갗(피부)

☑ 敢(감): 감히

☑ 毁(훼): 헐다

☑ 傷(상): 상처

☑ 始(시): 비로소, 시작, 근본

☑ 揚(양): 오르다, 날리다

☑ 顯(현): 나타내다

06 | 제자백가(諸子百家)

1. 제자백가의 개괄

① 시대적 배경: 춘추·전국시대(春秋·戰國時代)

· 춘추시대: B.C. 770 ~ B.C. 403
(100여 개의 수많은 나라로 분열)

· 전국시대: B.C. 770 ~ B.C. 221
(전국 7웅의 쟁패 구도)

② 진시황(秦始皇)에 의해 천하통일이 이루어지는 B.C 3세기까지 활동한 수많은 철학자와 학파

· 제자(諸子): 여러 학자

· 백가(百家): 수많은 학파

· 수많은 학파와 학자들이 자유롭게 자신의 사상과 학문을 펼쳤던 상황

제자백가 (諸子百家)	· 학자: 공자(孔子), 관자(管子), 노자(老子), 맹자(孟子), 장자(莊子), 묵자(墨子), 열자(列子), 한비자(韓非子), 손자(孫子) 등
	· 학파: 유가(儒家), 도가(道家), 묵가(墨家), 법가(法家), 명가(名家), 종횡가(縱橫家), 음양가(陰陽家), 농가(農家) 등

③ 출현 배경: 봉건제 질서 붕괴에 따른 새로운 경향의 출현,
권력자 상대로 설득·등용 바람

2. 제자백가의 분류

① 유가(儒家): 공자(孔子), 맹자(孟子), 순자(荀子), 자사(子思), 증자(曾子)

· 현세적인 도의(道義) 사상

· 인(仁: 남을 사랑하고 어질게 행동하는 일)과 의(義: 어떤 상황의 당위성, 사람으로서 지키고 행해야 할 바른 도리)의 덕목 강조

· 공자(孔子, 孔丘, 仲尼, B.C. 551~B.C. 479, 노나라 출생)

- 자(字)의 유래: 仲(둘째 아들),
  尼(아들을 얻기 위해 기도한 尼丘山)
- 주 왕조의 질서(봉건제)를 모범으로 삼아 이상적인 德治를 실현하게 하고자 함.
- 仁(보편적인 도덕의 기초, 인간 내면의 자연성)
  禮(仁이 구현되기 위한 사회 규범)
  正名(구성원의 역할), 和而不同, 大同社會 등 주장
- 계층과 신분에 구애되지 않고 학문을 가르침
  (儒教無類, 대략 3,000명 정도)

· 맹자(孟子, 孟軻, 子輿, B.C. 372~B.C. 289, 추(鄒) 출생)
- 공자가 죽은 지 약 100년 뒤에 태어남.
(공자의 유가 사상을 계승·발전, 공자에 버금가는 聖人)
- 어머니가 교육에 熱誠(孟母三遷之教, 孟母斷機之教)
- 인간의 본성은 선하다는 性善說을 주장
- 혼란이 극에 달한 전국시대를 살며 仁과 義를 기초한 王道政治를 실천해야 한다고 유세함.
(覇道로 나라를 다스리면 신하와 백성이 겉으로는 복종하나 마음으로 따르지 않음.)

· 순자(荀子, 荀況, B.C. 298~B.C. 238, 조나라 출생)
- 전국시대 말기 혼란을 겪으며 공맹 사상의 한계 체득
(부국강병을 주장한 법가사상에 관심)
- 인간의 본성이 악하다는 性惡說을 주장
(현실적인 유학 사상 전개, 예의 실천과 교육이 중요)
- 능력과 업에 따른 합리적 분배를 주장

② 도가(道家): 노자(老子), 장자(莊子), 열자(列子) 등

· 인위적이지 않으면서 무위자연(無爲自然)에 순응하는 삶을 이상으로 제시

· 철학적 가치와 지식에 대한 문제에서는 有와 無의 개념이 병존하는 상대주의와 반지주의(反知主義) 주장

· 노자(老子, 李珥, B.C. 6C~B.C. 5C, 초나라 출생)
- 도(道): '自然(저절로 그러한)'
본연의 상태(만물을 형성할 수 있는 가능태)
- 『도덕경(道德經)』: 도가의 비조(鼻祖).
불교적인 무소유의 관념과 연결

· 장자(莊子, 莊周, B.C. 369~B.C. 286, 춘추전국시대 송나라 출생)
- 인위와 작은 지혜 부정 → 현세와의 타협을 부정
(보편타당한 객관성×, 우주의 사물이 모두 변동하는 이상 형상을 포착할 수 없고 알 수도 없음.)
- 『장자』: 진(晉)나라 때 곽상(郭象)이 엮은 것
장자가 자연과 더불어 살면서 펼친 사상의 산물
(노자에서 시작된 도가 사상이 구체화)
소극적 은일과 반사회적 지향 존중(無用之用)
- 道: 천지만물의 공통된 근본 원리 / 德: 개별적인 사물들의 본성

③ 법가(法家): 상앙(商鞅), 신불해(申不害), 이회(李悝), 한비자(韓非子) 등

· 법치주의를 제창한 중국 정치사상가 총칭

· 신상필벌(信賞必罰)의 공정하고도 엄격한 정치 주장

· 한비자(韓非子, B.C. 280~B.C.233)
  - 전국시대 말기 법가 사상가
  - 부국강병(富國强兵)의 정치 이론 수립(진시황의 통치 원칙)
  - 성악설을 기초로 극단적인 법치사상 구상
    (仁과 義는 사적인 이해관계의 반영)
  - 法: 관부에서 제정하고 공포한 법률 문건
      (백성들이 상벌에 대해 정확한 기준과 인식을 하게 하는 근거)
    術: 군주의 통치술(사람의 능력에 따라 관직, 명분에 맞는 사업,
      살생의 권한을 쥐고 신하들의 능력과 공적을 평가)
    勢: 군주의 권력과 지위
      (군주가 백성과 신하들을 순종하게 하는 자본·역량)

④ 묵가(墨家): 묵자(墨子)

· 겸애(兼愛) 실천: 약육강식(弱肉强食) 시대 속 보편적 사랑·평화 주장

· 상현정치(尙賢政治) 주장: 현자(賢者)에 의한 정치

· 당시 지배적이었던 운명론을 배척하고 근면과 절용에 의한 부의 축적·평등한 사용 권장

⑤ 명가(名家): 혜시(惠施), 공손룡(公孫龍) 등

· 논리를 주제로 '명(名: 이름·언어)'과 '실(實: 사실)'을 강조한 학파

· 세상이 혼란한 것은 '명'과 '실'의 불일치에 그 원인이 존재

⑥ 음양가(陰陽家)

· 음과 양의 두 범주로 우주의 삼라만상(森羅萬象)을 설명

· 五行(金·水·木·火·土)의 움직임에 따라 길흉화복(吉凶禍福)이 결정

⑦ 종횡가(縱橫家)

· 능란한 변론을 기반으로 각국의 제후에게 유세

⑧ 농가(農家)

· 농업이 인류에 있어 가장 근간이 되는 분야

· 농업 경제와 농업 기술에 관해 연구한 학파

⑨ 잡가(雜家)

· 다른 학파의 학설들을 유기적으로 채택하여 하나의 사상으로 구성

· 「여씨춘추(呂氏春秋)」: 진(秦)나라 때 사론서(史論書). 진나라 여불위(呂不韋)가 여러 학자와 편찬(선진시대 諸家의 학설 포괄)

⑩ 병가(兵家): 손자(孫子)

· 군사전략과 지혜

· 『손자병법(孫子兵法)』: 춘추시대 말기 오나라에서 병법가로 활약한 손무(孫武)의 승리 비법(兵書).

- 싸우지 않고 이김. 勝算이 없으면 싸우지 않음이 주된 내용 (치밀한 계획, 速戰速決, 병력의 집중과 분산)

- '처세의 비결' (손자의 탁월한 군사전략과 가르침 → 복잡한 상황을 간파하는 지혜 → 인생의 철학서)

『道德經』 中

道可道 非常道 名可名 非常名

無名 天地之始 有名 萬物之母

故常無欲以觀其妙 常有欲以觀其徼

此兩者同 出而異名 同謂之玄 玄之又玄 衆妙之門

도(道)를 도라고 말하면 그것은 항상 그러한 도가 아니다. 이름을 이름하면 그것은 항상 그러한 이름이 아니다. 이름이 없는 것을 가지고 천지의 처음이라 하고, 이름이 있는 것을 가지고 만물의 어머니라 한다. 그러므로 항상 욕심이 없으면 그 묘함을 보고, 항상 욕심이 있으면 그 가장자리만 본다. 이 둘은 같은 것이다. 나와서 이름만 달리했다. 같은 것을 일컬어 감다(dark)고 한다. 감고 또 감다. 모든 묘함이 이 문에서 나온다.

『荀子』 中

君子曰 學不可以已 靑取之於藍而靑於藍 冰水爲之而寒於水 (중략) 君子博學而日參省乎己 則智明而行無過矣

군자가 말하길 배움을 그쳐서는 안 된다. 푸른 것은 남색에서 취했지만, 남색보다 더 푸르고 얼음은 물이 만들었지만, 물보다 더 차갑다. (중략) 군자가 널리 배우고 날마다 자기를 성찰하면 지혜가 밝아져 행동에 잘못이 없을 것이다.

* 「권학편(勸學篇)」: 학문을 권장하는 글. 학문의 필요성과 학문하는 방법을 논하고 있다. 經典을 읽고 禮를 숭상하는 修學을 통해 사람은 완전해지는 것이라 믿고 있었다.

今人之性惡 必將待師法然後正 得禮義然後治

지금에 사람의 본성이 악하니 반드시 스승에 본받음을 기다린 뒤에 바르게 되고 예의를 얻은 후에 다스려진다.

* 「성악편(性惡編)」: 인간의 본성은 악하다는 이론. 맹자의 성선설과 대조되어 유명함. 이 설 때문에 순자는 후세 유가들에 의해 유학의 정통에서 제외되었다고 할 수 있음.

『孫子』 中

百戰百勝 非善之善者也 不戰而屈人之兵 善之善者也
故上兵伐謀 其次伐交 其次伐兵 其下攻城

백 번 싸워서 백 번 승리하는 것은 최선의 승리가 아니고, 싸우지 않고 적을 굴하게 하는 것이 최선의 승리이다. 그러므로 최상의 용병은 모략을 치는 것이고, 그다음은 외교를 치는 것이고, 그다음이 군대를 치는 것이며, 최하는 적의 성을 직접 공격하는 것이다.

07 | 사서(四書)와 삼경(三經)

사서삼경(四書三經)	· 사서(四書): 『논어(論語)』, 『맹자(孟子)』, 『대학(大學)』, 『중용(中庸)』
	· 삼경(三經): 『시경(詩經)』, 『서경(書經)』, 『역경(易經)』(=周易)

사서(四書)	· '논맹용학(論孟庸學)': 유교 철학의 개론, 인본주의(人本主義) 사상
	· 『논어(論語)』: 유가(儒家)의 근본 문헌, 공자와 제자들의 대화에 담긴 지혜 · 『맹자(孟子)』: 전국시대 혼란을 헤쳐나갈 해결책 · 『대학(大學)』: 큰 공부, 격물치지(格物致知)로 시작하는 배움 · 『중용(中庸)』: 과유불급(過猶不及)의 삶을 이야기

삼경(三經)	· 시(詩)·서(書)·역(易): 유교의 기본 경전
	· 『시경(詩經)』: 고대 중국 사회 풍속을 배경으로 당시 사람들의 생활을 노래. 305편 - 국풍(國風): 여러 나라의 민요. - 아(雅): 연회에서 사용한 의식 노래 - 송(頌): 종묘 제사에서 쓰던 악시(樂詩) · 『서경(書經)』: 三代(夏·殷·周)를 비롯한 고대 중국 사회의 이름난 왕과 신하들의 어록과 선언(정치 문건) · 『역경(易經)』: 주역(周易). 주나라의 점술을 기록한 책 끝없이 변화하고 순환되는 자연의 원리 풀이

그 밖의 분류	· 오경(五經): 『시경(詩經)』, 『서경(書經)』, 『역경(易經)』, 『예기(禮記)』, 『춘추(春秋)』
	· 육경(六經): 『시경(詩經)』, 『서경(書經)』, 『역경(易經)』, 『예기(禮記)』, 『악기(樂記)』, 『춘추(春秋)』
	· 삼례(三禮): 『주례(周禮)』, 『의례(儀禮)』, 『예기(禮記)』
	· 삼전(三傳): 『좌씨전(左氏傳)』, 『곡량전(穀梁傳)』, 『공양전(公羊傳)』
	· 구경(九經): 삼경(三經)+삼례(三禮)+삼전(三傳)
	· 십일경(十一經): 구경(九經)+『논어(論語)』+『효경(孝經)』
	· 십이경(十二經): 십일경(十一經)+『이아(爾雅)』
	· 십삼경(十三經): 십이경(十二經)+『맹자(孟子)』

1. 『논어(論語)』

① 공자(孔子)와 제자들의 대화에 담긴 삶의 지혜

· 공자 문하의 제자, 그 후의 유가들이 공자의 말씀, 공자와 제자 간의 대화, 공자와 당대 사람들과의 대화, 제자들의 대화를 기록한 어록

· 공자가 죽자 문인들이 의논하여 편찬

· 공자의 사람됨과 사상을 이해할 수 있는 자료

* 『공자가어(孔子家語)』

: 삼국시대 위(魏) 왕숙(王肅, 195~256) 편찬

: 공자와 제자와의 언행에 관한 기사(記事)를 바탕으로 쓴 설화집

: 위작이라 하므로 신뢰할 수 없음.

* 사마천(司馬遷), 『사기(史記)』 〈공자세가(孔子世家)〉

: 공자의 전기(傳記)는 이것을 기초

: 공자 사후(死後) 400년 뒤의 글. 확실치 않은 점도 있음.

② 현재 『논어』는 총 20편

上論	下論
제 1편 학이(學而)	제 11편 선진(先進)
제 2편 위정(爲政)	제 12편 안연(顔淵)
제 3편 팔일(八佾)	제 13편 자로(子路)
제 4편 이인(里仁)	제 14편 헌문(憲問)
제 5편 공야장(公冶長)	제 15편 위령공(衛靈公)
제 6편 옹야(雍也)	제 16편 계씨(季氏)
제 7편 술이(述而)	제 17편 양화(陽貨)
제 8편 태백(泰伯)	제 18편 미자(微子)
제 9편 자한(子罕)	제 19편 자장(子張)
제 10편 향당(鄕黨)	제 20편 요왈(堯曰)

③ 『논어』에 나타나는 대표적인 공자의 제자

· 안회(顔回): 子淵. 가난 속에서도 학문에 열중하였으나 일찍 요절(夭折)함. 공자와 서른 살 차이.

· 중유(仲由): 子路, 季路. 처음에 공자를 업신여겼으나 공자가 예로써 대하는 것에 감동하여 제자가 됨. 공자와 아홉 살 차이.

· 단목사(端木賜): 子貢. 공자 사후(死後) 상례(喪禮) 주재(主宰). 외교·경제·사리에 통달하였음. 공자와 31살 차이.

· 증삼(曾參): 子輿. 『논어』에서 '曾子'라고 경칭(敬稱).

· 전손사(顓孫師): 子張.

· 염구(冉求): 子有.

· 언언(言偃): 子游.

· 염옹(冉雍): 仲弓

『論語』「學而」

子曰 學而時習之 不亦說乎 有朋自遠方來 不亦樂乎 人不知而不慍 不亦君子乎

공자께서 말씀하셨다. "배우고 때때로 익히면 또한 기쁘지 아니한가? 벗이 있어 멀리서부터 오면 또한 즐겁지 아니한가? 타인이 알아주지 않더라도 노여워하지 않으면 또한 군자답지 아니한가?"

有子曰 其爲人也孝弟 而好犯上者 鮮矣 不好犯上 而好作亂者 未之有也 君子務本 本立而道生 孝弟也者 其爲仁之本與

유자가 말하였다. "그 사람됨이 효성스럽고 공손하면서 윗사람을 거스르기를 좋아하는 사람은 드물다. 윗사람을 거스르기 좋아하지 않으면서 혼란을 일으키기 좋아하는 사람은 있지 않다. 군자는 근본에 힘쓰는데 근본이 서고서 길이 생겨난다. 효성과 공손함은 인(仁)이 되게 하는 근본이 아니겠는가."

子曰 巧言令色 鮮矣仁

공자께서 말씀하셨다. "듣기 좋게 꾸민 말을 하는 사람, 보기 좋게 안색을 꾸민 사람 중에는 어진 사람이 드물다."

曾子曰 吾日三省吾身 爲人謀而不忠乎 與朋友交而不信乎 傳不習乎

증자께서 말씀하셨다. "나는 날마다 나 자신에 대해 세 번 반성한다. 타인을 위해 일을 꾀할 때 충실하지 않았는가? 친구와 사귐에 있어 신실하지 않았는가? 스승께서 전수해주신 것에 대해 익히지 않는 것이 없었는가?"

子曰 道千乘之國 敬事而信 節用而愛人 使民以時

공자께서 말씀하셨다. "나라를 다스리는 데 있어서 일을 공경히 하고 신의가 있어야 하며 쓰는 것을 절약하고 사람들을 사랑하며 백성을 부림에 있어서 때에 맞게 해야 한다."

子曰 弟子 入則孝 出則悌 謹而信 汎愛衆 而親仁 行有餘力 則以學文

공자께서 말씀하셨다. "젊은이들은 들어오면 효도하고 나가면 윗사람에게 공손하며 삼가고 믿음직하고 널리 뭇 사람을 사랑하고 어진 사람과 친해야 한다. 그렇게 행한 다음에 여력이 있으면 글을 배우는 것이다."

子夏曰 賢賢易色 事父母 能竭其力 事君 能致其身 與朋友交 言而有信 雖曰未學 吾必謂之學矣

자하가 말씀하였다. "여색을 바꾸어 어진 사람을 어질게 여기고 부모를 섬김에 능히 그 힘을 다하고 임금을 섬김에 능히 그 몸을 바치고 친구와 사귐에 있어서 말에 믿음이 있으면 비록 배우지 않았다고 해도 나는 반드시 그를 배웠다고 이를 것이다."

子曰 君子不重 則不威 學則不固 主忠信 無友不如己者 過則勿憚改

공자께서 말씀하셨다. "군자가 중후하지 않으면 위엄이 없고 배우고서 견고하지 않게 된다. 충실과 신의를 주로 하고 (어진 부분이) 자기만 못한 자를 친구 삼지 말며 잘못했다면 고치는 것을 꺼리지 말아야 한다."

曾子曰 愼終追遠 民德歸厚矣

증자께서 말씀하셨다. "부모의 마지막을 신중히 치르고 먼 조상을 추모하면 백성의 도리가 두텁게 돌아갈 것이다."

子禽問於子貢曰 夫子至於是邦也 必聞其政 求之與 抑與之與
子貢曰 夫子溫良恭儉讓以得之 夫子之求之也 諸異乎人之求之與

자금이 자공에게 물었다. "공자께서는 이 나라에 이르시면 반드시 그 정사를 들으시는데 구해 들으신 건가요? 아니면 들려주어서인가요?"

자공이 말하였다. "공자께서는 온화하시고 선량하시고 공손하시고 검소하시고 겸양하심으로써 그것을 들으신 거예요. 공자께서 그것을 구해 들으려고 해도 타인이 구해 들으려는 것과는 다릅니다."

子曰 父在 觀其志 父沒 觀其行 三年無改於父之道 可謂孝矣

공자께서 말씀하셨다. "아버지가 계실 때 그의 뜻을 살펴보고 아버지가 돌아가셨을 때 그의 행동을 살펴본다. 3년을 두고 아버지의 원칙에 고침이 없으면 효성스럽다고 할 만하겠다."

有子曰 禮之用 和爲貴 先王之道 斯爲美 小大由之 有所不行 知和而和
不以禮節之 亦不可行也

유자가 말하였다. "예(사람의 몸가짐)의 쓰임에 있어서 조화가 귀하다. 선왕의 도에 있어서 이것을 아름다운 것이라 해서 크고 작은 것에 그것을 말미암았다. 행하지 않는 바가 있어서 조화를 알고서 조화하려고만 들며 예로써 그것을 조절하지 않으면 역시 행할 수 없는 것이다."

有子曰 信近於義 言可復也 恭近於禮 遠恥辱也 因不失其親 亦可宗也

유자가 말하였다. “믿음이 의로움에 가까우면 말한 것을 실천할 수 있다. 공손함이 예에 가까우면 치욕을 멀리할 수 있다. 의지하는 사람에게 그 친근함을 잃지 않는다면 또한 존중받게 될 것이다.”

子曰 君子食無求飽 居無求安 敏於事而愼於言 就有道而正焉 可謂好學也已

공자께서 말씀하셨다. “군자는 먹을 때 배부름을 추구하지 않고 살 때 편안함을 추구하지 않는다. 일에 민첩하나 말에 신중하고 도에 있는 곳에 나아가서 바르게 행동한다면 배우기를 좋아한다고 할 만하다.”

子貢曰 貧而無諂 富而無驕 何如 子曰 可也 未若貧而樂 富而好禮者也
子貢曰 詩云 如切如磋 如琢如磨 其斯之謂與 子曰 賜也 始可與言詩已矣
告諸往而知來者

자공이 말하였다. “가난하나 아첨하지 않고 부유하나 교만하지 않으면 어떤가요?” 공자께서 말씀하셨다. “괜찮네. 가난하나 즐기고 부유하나 예를 좋아하는 사람만은 못하지.”

자공이 말하였다. “『시경』에 이르는 ‘깎고 다듬은 듯하고, 쪼고 간듯하다’라고 한 것은 이를 이르는 것이군요.” 공자께서 말씀하셨다. “사(자공)야. 비로소 함께 『시경』을 말할 수 있겠구나. 지나간 일에 대해 알려주니 장차 올 것을 알아차리는구나.”

子曰 不患人之不己知 患不知人也

공자께서 말씀하셨다. "타인이 자기를 알아주지 않는 것을 근심하지 않고 (내가) 남을 알아주지 못하는 것을 근심해야 한다."

2. 『맹자(孟子)』

① 공자(孔子)의 덕치사상 발전

· 맹자 사후에 제자 공손추와 만장 등에 의해 편집(당나라 한유(韓愈))

· 맹자 은퇴 후 제자와 함께 지은 것(송나라 주희(朱熹))

· 남송 때 이르러서야 『논어』에 버금가는 지위

· 남송 말 주희의 『맹자집주(孟子集註)』 유행

② 현재는 총 7편, 14章句

양혜왕(梁惠王) 上	양혜왕(梁惠王) 下
공손추(公孫丑) 上	공손추(公孫丑) 下
등문공(滕文公) 上	등문공(滕文公) 下
이루(離婁) 上	이루(離婁) 下
만장(萬章) 上	만장(萬章) 下
고자(告子) 上	고자(告子) 下
진심(盡心) 上	진심(盡心) 下

③ 역성혁명(易姓革命)

· 민심에 반하는 군주를 방벌(放伐)할 수 있음을 주장

④ 호연지기(浩然之氣)

· 도의에 근거를 두고 굽힘이 없고 흔들리지 않는 크고 바른 마음

⑤ 성선설(性善說) 주장

· 조심(操心): 실수가 없도록 마음을 잡는다.

· 도덕의 근원: '하늘'(하늘이 부여한 인간의 본성은 善함.)

· 불인지심(不忍之心): 참지 못하여 차마 모른 척하고 지나갈 수 없는 마음
(자기도 모르게 도와주려는 마음)

【예】 우물가의 어린아이를 본 사람

· 사단(四端): 仁·義·禮·智의 네 가지 단서(선천적 도덕적 근거)

측은지심(惻隱之心)	남을 불쌍히 여기는 타고난 선한 마음
수오지심(羞惡之心)	자신의 옳지 못함에 대해 부끄럽게 남의 옳지 못함에 대해 미워하는 마음
사양지심(辭讓之心)	겸손하여 남에게 양보하는 마음
시비지심(是非之心)	옳고 그른 것을 분별하여 가리는 마음

【참고】 인간의 자연적 감정(七情): 喜, 怒, 哀, 懼, 愛, 惡(오), 慾

『孟子』 中

往者不追 來者不拒

가는 사람 쫓지 않고, 오는 사람을 막지 않는다.

自暴者 不可與有言也 自棄者 不可與有爲也 言非禮義 謂之自暴也 吾身不能居仁由義 謂之自棄也

자신을 해치는 자와 함께 도를 말할 수 없고, 자신을 버리는 자와 함께 도를 행할 수 없다. 말할 때마다 예의를 비방하는 것을 말하여 '자포(自暴)'라 하고, 나는 인(仁)에 거처하거나 의(義)에 말미암을 수 없다고 포기하는 것을 말하여 '자기(自棄)'라고 한다.

孟子曰 存乎人者 莫良於眸子 眸子 不能掩其惡 胸中 正 則眸子 瞭焉 胸中 不正 則眸子 眊焉 聽其言也 觀其眸子 人焉廋哉

맹자께서 말씀하셨다. "사람에게 있는 것 가운데 눈동자보다 더 좋은 것은 없으니 눈동자는 자신의 악함을 숨길 수 없다. 마음이 바르면 눈동자가 밝고, 마음이 바르지 못하면 눈동자가 흐리다. 그 사람의 말을 듣고 그 사람의 눈동자를 본다면 사람들이 어떻게 자신을 숨기겠는가?"

孟子 見齊宣王曰 所謂故國者 非謂有喬木之謂也 有世臣之謂也 王無親臣矣 昔者所進 今日 不知其亡也 王曰 吾何以識其不才而舍之 曰 國君 進賢 如不得已 將使卑 踰尊 疏 踰戚 可不愼與 左右 皆曰賢 未可也 諸大夫 皆曰賢 未可也 國人皆曰賢 然後 察之 見賢焉然後 用之 左右 皆曰不可 勿聽 諸大夫 皆曰不可 勿聽 國人 皆曰不可 然後 察之 見不可焉然後 去之 左右 皆曰可殺 勿聽 諸大夫皆曰可殺 勿聽 國人 皆曰可殺 然後 察之 見可殺焉然後 殺之 故 曰 國人 殺之也 如此然後 可以爲民父母

맹자께서 제나라 선왕을 보시고 말씀하셨다. "이른바 역사가 오랜 나라라는 것은 큰 나무가 있음을 말하는 것이 아니고, 대를 이어 벼슬하는 신하가 있는 것을 말하는 것인데, 왕께서는 친한 신하도 없습니다. 앞서 뽑은 사람이 오늘 도망간 것도 알지 못합니다." 왕이 말하였다. "내 어떻게 하면 그들이 재주가 없음을 알아서 버릴 수 있겠습니까?" 맹자가 말하였다. "나라의 임금은 어진 자를 등용하되 부득이한 것과 같아야 합니다. 장차 신분이 낮은 자로 하여금 높은 자의 위에 있게 하며, 소원한 사람을 친척의 윗자리에 있게 하는 것이니 신중히 하지 않을 수 있겠습니까? 좌우의 신하가 모두 그를 현명하다고 하더라도 뽑지 마시고, 여러 대부들이 모두 현명하다고 하더라도 뽑지 마시고, 나라 사람이 모두 현명하다고 말한 뒤에 그를 살펴서 현명한 점을 발견한 뒤에 등용하십시오. 그리고 좌우의 신하들이 모두 불가하다고 말하더라도 듣지 마시고, 여러 대부들이 모두 불가하다고 말하더라도 듣지 마시고, 나라 사람들이 모두 불가하다고 말한 뒤에 그를 살펴서 불가한 점을 발견한 뒤에 버려야 합니다. 좌우의 신하들이 모두 죽여야 한다고 말하더라도 듣지 마시고, 여러 대부들이 모두 죽여야 한다고 말하더라도 듣지 마시고, 나라 사람이 모두 죽여야 한다고 말한 뒤에 그를 살펴서 죽일 만한 점을 발견한 뒤에 죽이셔야 합니다. 그러므로 나라 사람들이 그를 죽였다고 말하는 것입니다. 이와 같은 후에서야 백성의 부모가 될 수 있습니다."

孟子曰 仁則榮 不仁則辱 今 惡辱而居不仁 是猶惡濕而居下也 如惡之 莫如貴德而尊士 賢者在位 能者 在職 國家 閒暇 及是時 明其政刑 雖大國 必畏之矣 詩云 迨天之未陰雨 徹彼桑土 綢繆牖戶 今此下民 或敢侮予 孔子 曰 爲此詩者 其知道乎 能治其國家 誰敢侮之 今國家 閒暇 及是時 般樂怠敖 是 自求禍也 禍福無不自己求之者 詩云 永言配命 自求多福 太甲 曰 天作孼 猶可違 自作孼 不可活 此之謂也

맹자께서 말씀하셨다. "임금이 인(仁)하면 영화롭고, 불인(不仁)하면 치욕을 받는다. 지금의 임금은 치욕을 싫어하면서 불인한 데 처하니, 이는 마치 축축함을 싫어하면서 낮은 곳에 머무는 것과 같다. 만일 그것을 싫어한다면 덕(德)을 귀하게 여기고 선비를 높이는 것만 한 것이 없다. 어진 자가 높은 자리에 있고 재능이 있는 자가 직분이 있어서, 나라가 한가하면 이때를 놓치지 않고 정치와 형벌에 명확히 한다면, 비록 강대국이라도 반드시 두려워할 것이다. 『시경』에 이르기를 '하늘이 비를 내리기 전에 미리 저 뽕나무 뿌리의 껍질을 벗겨다가 둥지의 창과 문을 단단히 얽어매면, 지금 이 아래에 인간들이 감히 나를 업신여기겠는가?' 하였는데, 공자께서 말씀하시기를 '이 시를 지은 자는 도를 알 것이다. 자기 나라를 잘 다스린다면 누가 감히 업신여기겠는가?' 하셨다. 지금은 나라가 무사하면 이때를 놓칠세라 놀고 즐기며 나태하고 오만한 짓을 하니, 이는 스스로 재앙을 부르는 짓이다. 화와 복은 자기로부터 구하지 않는 것이 없다. 『시경』에 이르기를 '영원히 천명을 섬긴다고 말하는 것이 스스로 많은 복을 구하는 것이다].' 하였으며, 『서경》「태갑(太甲)」에 이르기를 '하늘이 만든 재앙은 오히려 피할 수 있지만, 스스로 만든 재앙에는 살 수 없다.' 하였으니, 이를 말한 것이다."

3. 『대학(大學)』

① 본래 『예기(禮記)』 제42편

· 송나라 사마광(司馬光), 『대학광의(大學廣義)』

② 經 1장, 傳 10장

· 經 1장은 증자가 조술(祖述)한 것, 傳 10장은 증자의 뜻을 문인이 기록한 것

· 증자(曾子, 曾參, 子輿, B.C. 506~B.C. 436): 유교 사상사에서 중요한 역할(공자 계승), 동양의 오성(五聖: 공자, 맹자, 안자, 자사, 증자)

③ 3강령+8조목

· 강령(綱領): 모든 일의 으뜸이 되는 줄거리

(위대한 사람이 되기 위한 공부의 세 가지 기본 원리)

명명덕(明明德)	명덕(자신의 올바르고 밝은 덕)을 밝힘.
신민(新民)	사람들을 올바르게 이끌어 새롭게 함.
지지선(止至善)	지극히 훌륭한 경지에 놓이도록 처신함.

· 조목(條目): 큰 줄거리를 설명하고 실천하기 위한 구체적인 활동

(자기 자신을 닦고 세상을 다스리는 여덟 가지 내용)

<table>
<tr><td>격물(格物)</td><td rowspan="2">사물에 대해 연구하여 앎에 이름.</td></tr>
<tr><td>치지(致知)</td></tr>
<tr><td>성의(誠意)</td><td>뜻을 정성스럽게 함.</td></tr>
<tr><td>정심(正心)</td><td>마음을 바르게 함.</td></tr>
<tr><td>수신(修身)</td><td rowspan="2">자기 자신을 닦고 집안을 질서 있게 함.</td></tr>
<tr><td>제가(齊家)</td></tr>
<tr><td>치국(治國)</td><td rowspan="2">나라를 다스리고 온 천하를 평화롭게 함.</td></tr>
<tr><td>평천하(平天下)</td></tr>
</table>

『大學』 中

大學之道 在明明德 在親(新)民 在止於至善 知止而后有定 定而后能靜 靜而后能安 安而后能慮 慮而后能得 物有本末 事有終始 知所先後 則近道矣

대학의 도는 명덕(자신의 올바르고 밝은 덕)을 밝히는 데 있고, 백성을 바르게 이끌어 새롭게 하는 데 있고, 지극히 선한 경지에 놓이도록 처신하는 데에 있다. 그침을 안 후에 정해짐이 있고, 정해진 이후에 고요해질 수 있으며 고요해진 이후에 편안해지고, 편안해진 이후에 생각할 수 있으며 생각한 이후에 (도를) 얻을 수 있다. 사물에는 근본과 말단이 있고, 일에는 처음과 끝이 있으니 먼저 할 바와 뒤에 할 바를 안다면 도에 가깝다.

古之欲明明德於天下者 先治其國 欲治其國者 先齊其家 欲齊其家者 先脩其身 欲脩其身者 先正其心 欲正其心者 先誠其意 欲誠其意者 先致其知 致知在格物 格物而后知至 知至而后意誠 意誠而后心正 心正而后身脩 身脩而后家齊 家齊而后國治 國治而后天下平

옛날에 명덕을 천하에 밝히고자 한 사람은 먼저 그 나라를 다스렸으며 그 나라를 다스리고자 한 사람은 먼저 그 집을 다스렸고, 그 집을 다스리고자 한 사람은 먼저 그 몸을 다스렸다. 그 몸을 다스리고자 한 사람은 먼저 그 마음을 다스렸고, 그 마음을 다스리고자 한 사람은 먼저 그 뜻을 참되게 했으며 그 뜻을 참되게 하고자 한 사람은 먼저 그 앎을 이루었다. 앎을 이루는 것은 사물을 연구함에 있다. 사물을 연구한 후에 앎이 이루어지고, 앎이 이루어진 후에 뜻이 참되게 되며 뜻이 참되게 된 후에 마음이 바르게 되고 마음이 바르게 된 후에 몸이 닦이며 몸이 닦인 후에 집안이 바로잡히고 집안이 바로잡힌 후에 나라가 다스려지며 나라가 다스려진 후에 천하가 평안하게 된다.

4. 『중용(中庸)』

① 『중용』의 작자와 성립

· 『사기』「공자세가」: 자사(子思, 공자의 손자)가 지음.

· 진시황 무렵 또는 진한 교체기 또는 한나라 문제 때 여러 자료를 부분적으로 종합

② 주자(朱子, 朱熹)는 『중용』 전체를 33장으로 나눔.

· 中: 中者 不偏不倚無過不及之名

(어느 편에 기울지 않고 지나침과 모자람이 없는 상태)

· 庸: 庸 平常也 (평소)

· 도의 근본이 하늘로부터 받은 천성에 있음. (1장)

· 誠: 誠者 自成也 而道 自道也

誠者 物之終始 不誠 無物 是故 君子 誠之爲貴 (25장)

『中庸』 中

天命之謂性 率性之謂道 修道之謂教

하늘이 명(命)하신 것을 '성(性)'이라 이르고, 성(性)을 따르는 것을 '도(道)'라 이르고, 도(道)를 닦은 것을 '교(教)'라 이른다.

道也者 不可須臾離也 可離 非道也 是故 君子 戒愼乎其所不睹 恐懼乎其所不聞

도(道)라는 것은 모름지기 잠깐이라도 떠날 수 없으니 떠날 수 있으면 도가 아니다. 이런 까닭에 군자는 보이지 않는 바에 경계하고 삼가며 들리지 않는 바에도 두려워하고 위태로워한다.

喜怒哀樂之未發 謂之中 發而皆中節 謂之和 中也者 天下之大本也 和也者 天下之達道也

기뻐하고 성내고 슬퍼하고 즐거워하는 것이 일어나지 않은 상태를 '중(中)'이라 이르고, 일어나되 모두 절도(節度)에 맞는 것을 '화(和)'라 이르니, 중(中)이란 천하의 큰 근본이고, 화(和)란 천하에 통달하는 도(道)이다.

人皆曰予知 擇乎中庸而不能期月守也

사람들이 모두 자신이 지혜롭다고 말하나 중용을 택하여 한 달 지키기를 기약할 수 없다.

君子之道 譬如行遠必自邇 譬如登高必自卑

군자의 도를 비유하자면 먼 곳에 가려면 반드시 가까운 곳에서부터 시작하는 것과 같고, 비유하자면 높은 곳에 오르려면 반드시 낮은 데에서부터 시작하는 것과 같다.

5. 『시경(詩經)』

① 중국에서 가장 오래된 시가 총집

② 국풍(國風)·소아(小雅)·대아(大雅)·송(頌)으로 이루어짐.

· 시편의 제목은 시구 가운데 한 단어를 골라 매김.

(첫째 것을 중요시하는 관념에서 나온 命名)

【예】〈關雎〉, 〈淸廟〉

③ 각 편은 1구 4언을 기초

· 인물이나 사물의 묘사가 생동적이면서 섬세, 언어의 대비와 반복

· 내용과 소재는 매우 다양함.

(지배계급의 수탈과 부패, 강제 노동과 불합리 풍자, 애도하는 마음, 농민 생활시 등)

『詩經』 中

關雎 詩經 周南

關關雎鳩 在河之洲	꽉꽉 우는 물수리는 강물의 섬에 있다.
窈窕淑女 君子好逑	아리따운 숙녀는 군자의 좋은 짝이다.
參差荇菜 左右流之	들쭉날쭉한 마름 나물을 좌우로 그것을 캔다.
窈窕淑女 寤寐求之	아리따운 숙녀는 자나 깨나 구한다.
求之不得 寤寐思服	그를 구해도 얻을 수 없어 자나 깨나 생각하고 품는다.
悠哉悠哉 輾轉反側	아득아득하여 이리저리 뒤척인다.
參差荇菜 左右采之	들쭉날쭉한 마름 나물을 좌우에서 그것을 캔다.
窈窕淑女 琴瑟友之	아리따운 숙녀는 거문고를 연주하며 그를 벗으로 여긴다.
參差荇菜 左右芼之	들쭉날쭉한 마름 나물을 좌우에서 그것을 캔다.
窈窕淑女 鐘鼓樂之	아리따운 숙녀는 종과 북으로 그와 즐긴다.

※ 琴瑟: 琴瑟不調, 琴瑟相和, 琴瑟之樂, 琴心 등의 成語가 이 시에 그 출전

桃夭　　詩經 周南

桃之夭夭 灼灼其華　복숭아의 싱그러움이 흐드러진 꽃 같다.
之子于歸 宜其室家　시집에 가는 이 아가씨, 마땅히 그 집을 화목하게 할 것이다.

桃之夭夭 有蕡其實　복숭아가 싱그러우니 그 열매가 무성하다.
之子于歸 宜其家室　시집에 가는 이 아가씨, 마땅히 그 집을 화목하게 할 것이다.
桃之夭夭 其葉蓁蓁　복숭아가 싱그러우니 그 이파리도 우거져있다.
之子于歸 宜其家人　시집에 가는 이 아가씨, 마땅히 그 집 안 사람을 화목하게 할 것이다.

將仲子　詩經 鄭風

將仲子兮　無踰我里　無折我樹杞
豈敢愛之　畏我父母
仲可懷也　父母之言　亦可畏也

將仲子兮　無踰我墻　無折我樹桑
豈敢愛之　畏我諸兄
仲可懷也　諸兄之言　亦可畏也

將仲子兮　無踰我園　無折我樹檀
豈敢愛之　畏人之多言
仲可懷也　人之多言　亦可畏也

청하건대 중자님은 우리 마을로 넘어오지 마라. 내가 심은 버드나무를 꺾지 마라.
어찌 감히 그것을 아끼겠나만 나의 부모님이 두려워서
중자님을 마음에 품고 있지만 부모님 말씀이 또한 두려워요.

청하건대 중자님께서는 우리집 담장을 넘어오지 마라. 우리집 뽕나무로 꺾지 마라.
어찌 감히 그것을 아끼겠나만 나의 여러 오빠가 있어 두려워서
중자님을 마음에 품고 있지만 오빠들의 말이 또한 두려워요.

청하건대 중자님은 우리집 울타리를 넘지 마라. 우리집 박달나무로 꺾지 마라.
어찌 그것이 아깝겠나만 남들의 소문이 많을까 두려워서
중자님을 마음에 품고 있지만 남들 소문이 많을까 또한 두려워요

碩鼠 詩經 魏風

碩鼠碩鼠 無食我黍　　거대한 쥐야, 거대한 쥐야, 나의 기장을 먹지마라.
三歲貫女 莫我肯顧　　3년간 너를 섬겼는데 나를 기꺼이 생각해주지 않으면
逝將去女 適彼樂土　　가서 장차 너를 떠나 저 樂土에 이르겠다.
樂土樂土 爰得我所　　樂土여 樂土여 이에 나의 살 곳을 얻으리라.

碩鼠碩鼠 無食我麥　　거대한 쥐야. 거대한 쥐야. 나의 보리를 먹지 마라.
三歲貫女 莫我肯德　　3년간 너를 섬겼는데 나에게 은덕을 베풀지 않으면
逝將去女 適彼樂國　　가서 장차 너를 떠나 저 樂國에 이르겠다.
樂國樂國 爰得我直　　樂國이여 樂國이여 이에 나의 직관을 느끼겠다.

碩鼠碩鼠 無食我苗　　거대한 쥐야. 거대한 쥐야. 나의 모종을 먹지 마라.
三歲貫女 莫我肯勞　　3년간 너를 섬겼는데 나의 노고를 여기지 않으면
逝將去女 適彼樂郊　　가서 장차 너를 떠나 저 樂郊에 이르겠다.
樂郊樂郊 誰之永號　　樂郊여 樂郊여 누구에게 길게 부르짖겠는가?

陟岵　　　詩經 魏風

陟彼岵兮　　瞻望父兮
父曰嗟予子行役　　夙夜無已
上愼旃哉　　猶來無止

陟彼屺兮　　瞻望母兮
母曰嗟予季行役　　夙夜無寐
上愼旃哉　　猶來無棄

陟彼岡兮　　瞻望兄兮
兄曰嗟予弟行役　　夙夜必偕
上愼旃哉　　猶來無死

저 산에 올라 아버지를 바라본다.
아버지께서 말씀하시길 아! 나의 아들이 兵役을 하고 있어 아침부터 밤까지
그침이 없으니 바라는데 몸을 삼가고 부디 돌아오고 머무르지 마라.

저 민둥산에 올라 어머니를 바라본다.
어머니께서 말씀하시길 아! 나의 막내가 兵役을 하고 있어 이른 아침부터 밤까지
자지 못하니 바라는데 몸을 삼가고 부디 돌아오고 죽어버리지 마라.

저 산등성이에 올라 형을 바라본다.
형이 말하길 아! 내 동생이 兵役을 하고 있어 이른 아침부터 밤까지
반드시 함께하고 있으니 바라는데 몸을 삼가고 부디 돌아오고 죽지 마라.

6. 『서경(書經)』

① 중국 고대 문화의 원류를 담고 있음.

② '서(書)'라고 부르다가 한나라 때 들어와서 '상서(尙書)'라고 부름.

· 송나라 때 '서경(書經)'.

· '서'는 본래 '공문'이라는 뜻(정부의 공문서)

③ 다섯 종류의 문건으로 이루어짐.

· 모(謨): 군왕과 대신 사이의 대화

· 훈(訓): 군왕에 대한 대신의 건의

· 고(誥): 인민에 대한 군왕의 통고

· 서(誓): 전쟁에 임하는 군왕의 맹서

· 명(命): 군왕이 신하에게 특권과 책임을 부과하는 명령

④ 가상학설(加上學說): 거슬러 올라가 성립(주→은→하→요·순)

⑤ 명덕신벌(明德愼罰): 군주 자신이 지켜야 할 계명. 愛民·重民 사상 (역대 제왕이 지켜야 할 규범, 유교 정치 철학)

7. 『역경(易經)』

① 변화의 경전

· 주역(周易, 주나라 시대 점술서)이라고도 함.

· 은나라 때 갑골 복점(卜占)과 주나라 때 서죽(筮竹), 서점(筮占)에서 나옴.

· 易: 변역(變易, 천지만물의 변화)

간이(簡易, 변화의 법칙이 규칙적이어서 알기 쉬움)

② 음(陰)과 양(陽)의 상보적 원소 기초(64卦 384爻): 자연과 인간 세계의 생성과 변화의 원리

· 효(爻): 만물의 모습인 상(象)을 본떴다는 뜻

· 괘(卦): 걸치다(掛) → 현상의 모습을 걸쳐서 보임.

· 팔괘(八卦): 양효(陽爻)와 음효(陰爻)를 세 개씩 조합하여 8개 부호를 만들어 자연과 인간 사회 현상을 상징

坤 艮 坎 巽 震 离 兑 乾

08 | 산문(散文)과 소설(小說)

1. 한문 산문

① 고문(古文)

· 변문(騈文)이 발달하기 이전 전한 때 이루어진 산문체 + 한유(韓愈) 이래 산문의 주류

· 의사 전달이 명료, 선진(先秦) 이래 문장 언어의 어법 체계(한유韓愈)

② 우리나라 한문 산문

· 우리말 어순, 이두(吏讀)를 붙여 읽던 문장

· 변격 한문: 정통 한문 문법에 맞지 않음.

【예】「임신서기석(壬申誓記石)」 中: "만약 이 맹세를 잃어버리면 하늘에 큰 죄를 짓는 것임을 맹세한다(若此事失, 天大罪得誓)"

③『고문진보(古文眞寶)』: 전국시대~송까지의 詩文

· 전집: 소박하고 고아한 고시 (10권)

· 후집: 17체의 산문 (10권)

· 중국인의 글을 모은 비판적 견해, 변문을 억제하고 고문을 숭상하는 기조

④ 당송팔대가(唐宋八大家): 당·송 시대 8인의 문장가

[한유, 유종원, 구양수, 소순, 소식, 소철, 왕안석, 증공]

· 한유, 유종원: 시민 사회의 주변 현실 서술, 철학적 쟁점을 논술하는데 적합한 고문 문체 창도

· 구양수~증공: 그 문체를 일상의 산문 문체로 정착

· 선진 어법의 구사, 간결성, 음악성, 편장 기교의 중시

⑤ 한문 산문의 문체 분류

· 요내(姚鼐), 『고문사류찬(古文辭類纂)』

논변류(論辨類)	논(論), 변(辨), 설(說), 의(議), 해(解), 난(難), 석(釋), 원(原), 유(喩), 대문(對問), 송(頌)
서발류(序跋類)	서(序), 복서(復序), 서록(序錄), 서략(序略), 발(跋), 인(引), 서후(書後), 제사(題詞), 사론(史論), 사찬(史贊)
주의류(奏議類)	표(表), 소(疏), 상서(上書), 탄사(彈事), 논장(論狀), 서(書), 대(對), 주(奏), 의(議), 책(策)
서설류(書說類)	서(書), 설(說), 전(箋), 계(啓), 주기(奏記), 차자(箚子), 이(移), 게(揭)
증서류(贈序類)	송서(送序), 수서(壽序), 증서(贈序), 여서(與序), 고서(顧序), 대서(戴序), 인(引), 설(說)
조령류(詔令類)	조(詔), 책(冊), 영(令), 칙(敕), 고(誥), 제(制), 부(符), 사문(赦文), 어차(御箚), 비답(批答), 구석문(九錫文), 철권문(鐵券文), 책(策), 유서(遺書), 사서(賜書)
전장류(傳狀類)	전(傳), 가전(家傳), 외전(外傳), 장(狀), 술(述), 행장(行狀), 사략(事略), 현록(玄錄), 행략(行略)
비지류(碑誌類)	비(碑), 비기(碑記), 묘비(墓碑), 묘표(墓表), 묘갈(墓碣), 신통비(神通碑), 묘지(墓誌), 묘명(墓銘), 묘지명(墓誌銘) 광지(壙誌), 광지명(壙誌銘), 각석문(刻石文), 신도비(神道碑), 묘갈명(墓碣銘), 광명(壙銘), 묘표지(墓表誌)
잡기류(雜記類)	기(記), 후기(後記), 지(志), 녹술(錄術), 서사(書事), 정기(亭記), 묘기(廟記), 당기(堂記), 누기(樓記)
잠명류(箴銘類)	잠(箴), 명(銘), 계(戒), 훈(訓), 규(規)
송찬류(頌贊類)	송(頌), 찬(贊), 부명(符命)
사부류(辭賦類)	경(經), 칠(七), 난(難), 대문(對問), 선론(設論)
애제류(哀祭類)	애사(哀辭), 제문(祭文), 조문(弔文), 뇌(誄), 제(祭), 재사(齋詞), 초사(醮詞), 청사(靑詞)

· 증국번(曾國藩), 『경사백가잡초(經史百家雜鈔)』

저술문(著述門)	논저(論著), 사부(辭賦), 서발(序跋)
고어문(告語門)	조령(詔令), 주의(奏議), 서독(書牘), 애제(哀祭)
기재문(記載門)	전지(傳誌), 서기(敍記), 전지(典志), 잡기(雜記)

· 한문과 교육과정에 따른 분류

說理文	思想類散文	儒家 經典, 諸子百家와 같이 자신의 철학이나 사상을 천명하는 글
	論	어떤 주제에 대하여 논증하고 의론하는 문체
	辨	어떤 주제에 대하여 是非를 가리고 眞僞를 밝히는 문체
	說	어떤 주제에 대하여 설명하고 해석하는 문체
	原	어떤 주제에 대하여 그 근원을 근본적으로 탐색하고 고찰하는 문체
	難, 解, 問, 喩, 釋, 議	
史傳文	歷史類散文	編年體 역사서(시간 순서에 따른 사건 서술) 紀傳體 역사서(인물 중심으로 역사 서술) 紀事本末體 역사서(사건 중심으로 역사 서술)
	傳	本紀: 帝王의 사적을 기록 世家: 諸侯의 사적을 기록 列傳: 제왕과 제후를 제외한 개별적인 역사 인물의 행적을 기록 自傳: 작가가 자신의 행적을 기록 托傳: 假設的인 인물의 행적을 기록 假傳: 사물의 행적을 擬人化하여 기록
	行狀	죽은 이의 世系, 貫鄕, 성명, 字號, 생졸, 행적 등을 기록 (≒狀, 行錄, 行述, 行略, 事略)
雜記文	記文	경물 묘사, 人事 서술, 내용이 복잡하고 다양함
	記事	어떤 사건의 시말을 기록하는 문체
	筆記	특정 문체 형식에 구애받지 않고 자유롭게 기술한 문체
實用文	詔令類	제왕이 신하나 백성에게 내리는 서신이나 명령 등의 문체 (誥, 誓, 命, 令, 詔, 制, 諭, 敎, 策, 批答, 檄, 移 등)
	奏議類	신하나 백성이 제왕에게 올리는 서신이나 보고 등의 문체 (奏, 議, 書, 疏, 表, 狀, 封事, 箚子 등)
	碑誌類	어떤 사적이나 인물의 행적을 돌에 새겨서 기념하고자 하는 문체 (碑, 墓碑, 墓碣, 墓表, 墓誌)
	哀祭類	죽은 이를 哀悼하는 문체(哀辭, 祭文, 弔文, 誄 등)
	箴銘類	警戒를 드러내거나 공덕을 기록하는 문체(箴, 銘 등)
	頌讚類	공덕을 칭송하거나 찬양하는 문체(頌, 讚 등)
	序跋類	책이나 글의 앞이나 뒤에 붙여 그 내용이나 작가에 대해 소개하거나 비평하는 문체 (序, 後序, 跋 등)
	贈序類	이별에 임하여 떠나는 사람을 전송하거나 나이 든 이의 생일에 장수를 축하하여 지어 주는 문체(序 등)
	書牘類	신변 소식이나 안부, 용무, 의견 따위를 글로 적어서 남에게 보내는 문체 (書, 書牘, 簡牘, 尺牘 등)

⑥ 사부(辭賦): 운문이 산문화한 형태, 漢代의 賦 가운데 초사의 계통을 이은 것

· 사(辭): 초사(楚辭)에서 기원, 서정적 특징

· 부(賦): 한부(漢賦)에서 기원, 서사적 특징

· 대구법, 압운법, 아름다운 언어와 섬세한 표현

⑦ 변문(騈文): 변려문(騈儷文), 사륙문(四六文)

· 4언과 6언 구를 기본으로 하며 대구(對句)를 사용

· 평측(平仄), 압운(押韻), 전고(典故)와 화려한 어휘, 함축성

· 조령(詔令)이나 신하가 올리는 소체(疏體), 주의(奏議)에 사용

· 제고(制誥), 표(表), 계(啓), 격(檄), 서기(序記), 송찬(頌贊)에 나타남.

· 우리나라에서도 고려 전기까지는 변문을 주요 문체로 사용

· 변문이 형식에 치우치는 문체라고 비판(이익李瀷)

韓愈, 「雜說」

한유(韓愈)	· 생몰 768~824년. 唐나라의 문인·관료 · 字는 退之, 號는 昌黎, 諡는 文公 · 唐宋古文의 주창자로 唐宋八大家의 한 사람. · 유교 숭상·불교 배척
說	· 漢文 散文 문체 가운데 하나 · 義理를 해석하거나 자신의 의견을 설명하고자 하는 글 (상세하며 비유 등을 사용) · 『韓非子』 등 諸子百家의 說에서 기원

世有伯樂 然後有千里馬 千里馬常有 而伯樂不常有

세상에 伯樂(백락, 말을 잘 알아보는 사람)이 있고 난 뒤에 천리마가 있으니 천리마는 항상 있으나 伯樂은 항상 있지 않다.

故雖有名馬 秖辱於奴隷人之手 駢死於槽櫪之間 不以千里稱也

그러므로 비록 이름난 말이 있더라도 다만 노예의 손에 욕되어 말뚝과 말구유(말의 먹이를 담는 그릇) 사이에서 나란히 죽어 천리마로 알려지지 못한다.

馬之千里者 一食或盡粟一石 食馬者不知其能千里而食也 是馬雖有千里之能 食不飽力不足 才美不外見

말이 천 리를 가는 것은 한 번 먹을 때 혹 곡식 한 섬을 다 먹는데 말을 먹이는 자가 그 말이 능히 천 리를 갈 수 있는 것을 알지 못하고서 먹이니 이 말이 비록 천 리를 갈 수 있는 능력이 있으나 먹은 것이 배부르지 못해 힘이 부족하여 재주의 아름다움이 바깥에 드러나지 못한다.

且欲與常馬等 不可得 安求其能千里也

또한 보통의 말과 대등하고자 하나 될 수 없으니 어찌 능히 천 리나 갈 수 있기를 추구하겠나.

策之不以其道 食之不能盡其材 鳴之不能通其意 執策而臨之曰 天下無良馬

채찍질하기를 그 도로써 하지 않고 먹이기를 그 재능을 다할 수 없게 하며 울어도 그 뜻을 통할 수 없으면서 채찍을 잡고 임하여 말하길 "천하에 좋은 말이 없다"라고 한다.

嗚呼 其眞無馬耶 其眞不識馬耶

아! 진실로 좋은 말이 없는 것인가? 진실로 말을 알아보지 못하는 것인가?

韓愈, 「師說」

古之學者必有師 師者 所以傳道受業解惑也

옛날 학자는 반드시 스승이 있었다. 스승은 성인의 도를 전하고 학업을 가르치며 의혹을 풀어주는 자다.

人非生而知之者 孰能無惑 惑而不從師 其爲惑也終不解矣

사람은 태어나면서부터 진리를 아는 것이 아닌데 누구든지 의혹이 없을 수 있겠는가? 의혹이 있는데도 스승을 좇아 묻지 않으면 그의 의혹은 끝내 풀리지 않게 된다.

生乎吾前 其聞道也固先乎吾 吾從而師之 生乎吾後 其聞道也亦先乎吾 吾從而師之

나보다 앞에 태어나 그가 도를 들은 것이 본래 나보다 앞서면 나는 그를 좇아 스승으로 삼으며 나보다 뒤에 태어났더라도 그가 도를 들은 것이 나보다 앞서면 나는 그를 좇아 스승으로 삼는다.

吾師道也 夫庸知其年之先後生於吾乎 是故無貴無賤 無長無少 道之所存 師之所存也

나는 도를 스승으로 삼으니 대체 어찌 그의 나이가 나보다 먼저 태어났는지 뒤에 태어났는지를 따지겠는가? 이런 까닭에 지위가 높고 낮음과 나이가 많고 적음에 관계없이 도가 있는 곳이 스승이 있는 곳이다.

嗟乎 師道之不傳也久矣 欲人之無惑也難矣

아! 스승을 좇아 배우는 도리가 전해지지 않은 것이 오래되었으니 사람의 의혹이 없고자 하는 것은 어렵다.

古之聖人 其出人也遠矣 猶且從師而問焉 今之衆人 其下聖人也亦遠矣 而恥學於師

옛날의 성인은 그가 다른 사람보다 훨씬 뛰어났지만 그래도 오히려 스승을 좇아 물었는데, 지금의 뭇 사람들은 그들이 성인보다 또 훨씬 더 못하는데 스승에게 배우는 것을 부끄럽게 여긴다.

是故 聖益聖 愚益愚 聖人之所以爲聖 愚人之所以爲愚 其皆出於此乎

이런 까닭에 성인은 더욱 성스럽게 되고 어리석은 사람은 더욱 어리석게 되니 성인이 성스럽게 된 까닭과 어리석은 사람이 어리석게 된 까닭은 아마도 모두 여기에서 나온 것이다.

愛其子 擇師而敎之 於其身也 則恥師焉 惑矣

자기 자식을 사랑하여 스승을 가려 그들을 가르치지만 자기 자신에 대해서는 곧 스승을 좇아 배우기를 부끄럽게 여기니 어리석다!

彼童子之師 授之書而習其句讀者 非吾所謂傳其道 解其惑者也

저 아이의 스승은 그들에게 책 읽기를 가르치고 책의 구두점 정도를 익히게 하는 자이니 내가 이른바 그 도를 전하고 의혹을 풀어주는 자가 아니다.

句讀之不知 惑之不解 或師焉 或不焉 小學而大遺 吾未見其明也

구두를 알지 못하거나 의혹이 풀려지지 않음에 어떤 것은 좇아 배우고 어떤 것은 스승을 좇아 배우지 않으니 작은 것을 배우고 큰 것은 내버리는 셈인지라 나는 그 밝음을 보지 못하겠다.

巫醫樂師百工之人 不恥相師 士大夫之族 曰師 曰弟子云者 則群聚而笑之

무당 겸 의사, 악사, 각종 기능인들은 서로 스승을 좇아 배우기를 부끄럽게 여기지 않는데, 사대부의 무리들은 스승이니 제자니 하는 것이 있으면 무리지어 모여들어 그들을 비웃는다.

問之 則曰 彼與彼年相若也 道相似也 位卑則足羞 官盛則近諛

그들(사대부 무리)에게 물으면 곧 "저 사람과 저 사람은 나이가 서로 비슷하고 학문 수준도 서로 비슷하다. (스승의) 지위가 낮으면 부끄럽기에 족하고 (스승의) 관직이 높으면 아첨에 가깝다"고 말한다.

嗚呼 師道之不復可知矣 巫醫樂師百工之人 君子不齒

아! 스승을 좇아 배우는 도리가 회복되지 않음을 알겠다! 무당 겸 의사, 악사, 기능인들을 군자들은 같은 대열에 넣어주지 않는다.

今其智乃反不能及 其可怪也歟

지금 그들의 지혜는 도리어 미칠 수 없으니 아마도 괴상한 일이구나!

聖人無常師 孔子師郯子萇弘師襄老聃

성인은 일정한 스승이 없으니 공자는 담자, 장홍, 사양, 노담을 스승으로 삼았다.

郯子之徒 其賢不及孔子 孔子曰 三人行 則必有我師

담자와 같은 무리는 그들의 현명함이 공자까지 미치지 못하지만, 공자께서 말씀하시기를 "세 사람이 길을 가면 곧 반드시 나의 스승이 있다"고 하셨다.

是故弟子不必不如師 師不必賢於弟子 聞道有先後 術業有專攻 如是而已

이런 까닭에 제자라고 해서 반드시 스승만 못한 것은 아니고, 스승이라고 해서 반드시 제자보다 뛰어난 것도 아니다. 도를 들음에 선후가 있고, 기술과 학업에 전공이 있을 따름이다.

李氏子蟠 年十七 好古文 六藝經傳皆通習之 不拘於時 學於余

이씨 집안 아들 반(蟠)이 나이가 17살인데, 고문을 좋아하여 육경의 경전을 모두 통하여 익히고서 시속에 구애되지 않고 나에게 배우러 왔다.

余嘉其能行古道 作師說以貽之

나는 그가 스승을 좇아 배우는 도리를 행할 수 있는 것을 가상히 여겨 「사설」을 지어 그에게 준다.

2. 한문 소설

① 상상으로 구상하거나 사실을 각색하여 산문체로 지은 허구의 이야기로 인간의 삶과 사회 속 모순과 갈등을 드러내는 장르

· 명칭: 戰國時代 諸子書에서 처음 등장(자잘한 말, 희한한 이야기)

· 전기체(傳奇體), 가전체(假傳體), 전(傳) 형식의 소설, 민간에서 구전되는 설화나 일화(野談), 단편 등

· 우리나라에서 근대 이전에 지어진 소설
(표기 문자에 따라 한글 소설, 한문 소설로 구분)

② 나말여초(羅末麗初, 10C)

· 역사적 전환기, 한문학의 발전(한국 한문소설의 시작)

· 전기체(傳奇體) 소설 발달(7C 전후 당나라에서 전기소설 발전)

③ 가전체(假傳體)는 우언(寓言)의 형태로 논술

④ 야담(野談)은 구연과 기록을 통해 정착

⑤ 우리나라 최초 한문 소설: 김시습(金時習, 1435~1493), 『금오신화(金鰲新話)』

· 조선 민중의 상상력 세계, 민족의 현실과 사상에서 주제 선정

· 삶과 죽음, 인간의 유한함에 대한 통찰
(상대적인 가치의 부정, 자기 부정의 모습)

· 현실 속에서 제도·전쟁·운명과 대결하는 인간의 의지 표현

만복사저포기(萬福寺樗蒲記)	양생과 부처님의 저포(주사위) 놀이
이생규장전(李生窺牆傳)	이생과 최씨의 연애
취유부벽정기(醉遊浮碧亭記)	부벽정에서 취해서 논 이야기
용궁부연록(龍宮赴宴錄)	용왕을 위해 한생이 명문을 지어 준 이야기
남염부주지(南炎浮洲志)	남쪽 염라국의 이야기

「溫達傳」

『三國史記』	· 김부식(金富軾)이 고려(高麗) 인종(仁宗)의 명을 받아 1145년(인종 23) 경에 편찬한 삼국시대의 正史(현존하는 최고의 우리나라 正史) · 기전체(紀傳體): 本紀 28卷(고구려 10권·백제 6권·신라 12권), 志 9권, 表 3권, 列傳 10권(金庾信에 3권 배당, 나머지 7권에 68인 立傳)
羅末麗初 (9~10세기)	· 동아시아의 전환기 - 발해 쇠퇴와 멸망, 신라 멸망과 후삼국시대 및 고려 건국 - 중국 唐→宋, 일본 奈良(나라)→平安(헤이안), 베트남 독립국가 · 문학·문화사적 특징 - 문학 창작의 개인성 강화 - 한문이라는 공동어문학에 개인·자국의 사상과 문화 반영 · 六頭品 지식인의 갈등과 활약 - 당나라 유학, 수준 높은 한문학 소양 - 중앙 정권으로부터의 배제 - 신라 비판 및 신흥 세력 참여(후백제 崔承祐, 고려 崔彦撝), 方外的 삶 및 은둔(중국·신라·가야산 崔致遠, 崔匡裕)

溫達 高句麗平岡王時人也 容貌龍鍾可笑 中心則晬然

온달은 고구려 평강왕 때 사람이다. 용모가 노쇠하여 비웃을 만하였지만, 마음은 곧 순수하였다.

家甚貧 常乞食以養母 破衫弊履 往來於市井間 時人目之爲愚溫達

집이 매우 가난하여 항상 걸식하여 어머니를 봉양했고 찢어진 옷과 헤어진 신발을 신고서 저잣거리에 돌아다니니 그때의 사람들이 그를 일컬어 바보 온달이라고 했다.

平岡王少女兒好啼 王戱曰 汝常啼聒我耳 長必不得爲士大夫妻 當歸之愚溫達

평강왕의 어린 딸이 잘 울어서 왕이 장난치며 말하길, "너 항상 울어서 나의 귀를 시끄럽게 하니 커서 반드시 사대부의 부인이 되지 못할 것이니 마땅히 바보 온달에게 시집보내야겠구나!"

王每言之 及女年二八 欲下嫁於上部高氏

왕이 매번 그렇게 말했는데 딸의 나이가 16살에 이르자 상부 고씨에게 시집보내고자 했다.

公主對曰 大王常語 汝必爲溫達之婦 今何故改前言乎 匹夫猶不欲食言 況至尊乎 故曰 王者無戱言 今大王之命謬矣 妾不敢祗承

공주가 대답하여 말하길, "대왕이 항상 말씀을 너는 반드시 온달의 부인이 되어야 한다고 하셨는데 지금 어째서 예전에 했던 말을 고치십니까? 보통 사람도 오히려 식언하고자 하지 않는데 하물며 높으신 분이 그럴까요! 그러므로 임금이 된 자는 농담하지 않는 것이다. 지금 대왕의 명은 잘못되셨으니 저는 감히 공손히 받들지 못하겠습니다."

王怒曰 汝不從我教 則固不得爲吾女也 安用同居 宜從汝所適矣

왕이 노하여 말하길, "네가 나의 가르침(지시)을 받지 않으면 곧 정령 나의 딸일 수가 없다. 어찌하여 함께 살겠나? 마땅히 네가 가려고 하는 바를 따르라."

於是公主以寶釧數十枚繫肘後 出宮獨行 路遇一人 問溫達之家 乃行至其家

이에 비싼 팔찌 수십 개로써 팔꿈치 뒤에 매달고 궁궐을 나가 혼자 가다가 길에 한 사람을 만나 온달의 집을 물어 이에 가서 그의 집에 이르렀다.

見盲老母 近前拜 問其子所在 老母對曰 吾子貧且陋 非貴人之所可近 今聞子之臭 芬馥異常 接子之手 柔滑如綿 必天下之貴人也 因誰之佾以至於此乎 惟我息不忍飢 取楡皮於山林 久而未還

눈먼 노모를 뵙고 앞으로 가까이 가서 절을 드리고 그 아들이 있는 바를 물었다. 노모가 대답하여 말하길, "내 아들은 가난하고 또 누추해서 귀인께서 가까이할만한 바가 아니다. 지금 당신의 향기를 맡으니 향기로운 것이 보통과 달라서 그대의 손을 잡아보니 부드러운 것이 비단 같았으니 반드시 천하의 귀한 사람이다. 누군가의 속임으로 인하여 그럼으로써 여기에 이르렀는가? 다만 내 자식이 배고픔을 참지 못해서 숲속에 느릅나무 껍질을 구하러 갔는데 오래도록 돌아오지 않았다."

公主出行 至山下 見溫達負楡皮而來

공주가 나가서 가다가 산 밑에 이르러 온달이 느릅나무 껍질을 지고 오는 것을 보았다.

公主與之言懷 溫達勃然曰 此非幼女子所宜行 必非人也 狐鬼也 勿迫我也 遂行不顧

공주가 그에게 가슴 속에 품던 말을 하니 온달이 갑자기 성내며 말하길, "이곳은 나이 어린 여자가 마땅히 올 곳이 아니니 반드시 (너는) 사람이 아니요, (사람으로 둔갑한) 여우나 귀신이겠구나. 나에게 가까이 오지 말라." 마침내 가서 돌아보지 않았다.

公主獨歸 宿柴門下 明朝更入 與母子備言之

공주가 홀로 (온달집에) 돌아가 사립나무 가지로 만든 대문 아래에 자고 다음 날 아침에 다시 들어가 모자에게 모두 그것(자신의 사정)을 말하였다.

溫達依違未決 其母曰 吾息至陋 不足爲貴人匹 吾家至窶 固不宜貴人居

온달이 망설이면서 결정하지 못하자 그의 노모가 말하길, "우리 자식은 매우 누추해서 귀인의 배필이 되기에 부족하고 우리 집은 매우 가난해서 진실로 귀인이 살기에 마땅하지 않다."

公主對曰 古人言 一斗粟猶可舂 一尺布猶可縫 則苟爲同心 何必富貴然後可共乎

공주가 대답하길, "옛날 사람 말에 한 말의 곡식이라도 오히려 찧을 수 있고 한 척의 천이라도 오히려 꿰맬 수 있다고 한다. 그러한 즉 만일 한 마음을 갖는다면 하필 부귀해진 연후에야 함께 살 수 있겠습니까?"

乃賣金釧, 買得田宅奴婢牛馬器物, 資用完具.

이에 금팔찌를 팔아 밭과 집, 노비, 소와 말, 기물을 사서 살림살이를 완전히 갖추었다.

初買馬 公主語溫達曰 愼勿買市人馬 須擇國馬病瘦而見放者 而後換之

처음에 말을 살 때 공주가 온달에게 말하길, "삼가 시장 사람의 말을 사지 말고 모름지기 나라의 말 가운데 병들고 야위어서 쫓겨난 것을 골라 (잘 길러서) 이후에 그것을 바꿔라."

溫達如其言 公主養飼甚勤 馬日肥且壯

온달이 그 말의 뜻을 같이해서(말을 따르고) 공주가 기르고 먹이는 것이 매우 부지런해서 말이 날로 살찌고 또 커졌다.

高句麗常以春三月三日 會獵樂浪之丘 以所獲猪鹿 祭天及山川神

고구려는 항상 봄 3월 3일에 낙랑의 언덕에 모여 사냥하고 잡은 바의 멧돼지와 사슴으로 천신과 산천의 신에게 제사 지냈다.

至其日 王出獵 群臣及五部兵士皆從 於是溫達以所養之馬隨行 其馳騁常在前 所獲亦多 他無若者 王召來問姓名 驚且異之

그날이 되자 왕이 나가서 사냥함에 뭇 신하와 오부의 병사가 모두 (왕을) 좇았다. 이에 온달이 기른 바의 말을 가지고서 왕을 따랐는데 그 달려 나가는 것이 항상 앞에 있어 잡은 것 또한 많았으니 다른 사람 가운데에서는 이(온달처럼 사냥하는 것)와 같은 자가 없었다. 왕이 오라고 불러서 성명을 물어보고는 놀라고 또 그것을 이상하게 여겼다.

時後周武帝出師 伐遼東 王領軍逆戰於肄山之野 溫達爲先鋒 疾鬪斬數十餘級 諸軍乘勝奮擊大克

이때 후주의 무제가 군대를 내어 요동을 정벌함에 왕이 군사를 거느리고 이산의 들판에서 맞아 싸웠다. 온달이 선봉이 되어서 재빨리 달려 나가서 수십여 개의 목을 베고 모든 군사가 승기를 타고 힘써 공격해서 크게 이겼다.

及論功 無不以溫達爲第一 王嘉歎之曰 是吾女壻也 備禮迎之 賜爵爲大兄 由此寵榮尤渥 威權日盛.

공을 논함에 미쳐서 온달을 제일로 여기지 않음이 없었다. 왕이 가상히 여겨 그를 감탄하며 말하길, "이 사람이 내 딸에게 결혼시킨 사위야." 예를 갖추어서 그를 받아들이고 작위를 내려서 대형으로 삼았다. 이로부터 총애와 영화가 더욱 두터워졌고 위엄과 권위가 나날이 성대해졌다.

及陽岡王卽位 溫達奏曰 惟新羅割我漢北之地爲郡縣 百姓痛恨 未嘗忘父母之國 願大王不以愚不肖 授之以兵 一往必還吾地

(때가) 양강왕이 즉위함에 미쳐서 온달이 아뢰어 말하기를, "신라가 우리 한강 북쪽의 땅을 빼앗아 군현을 만들었는데 백성들이 (신라의 백성이 되기를) 원통해하며 일찍이 부모의 나라를 잊지 않았다. 원컨대 대왕께서는 저가 어리석다고 여기지 마시고 저에게 군사를 주시면 한 번 가면 반드시 우리 땅을 탈환하겠습니다."

王許焉 臨行誓曰 鷄立峴·竹嶺已西 不歸於我 則不返也

왕이 허락하였다. 출정에 임하여 맹세하여 말하기를, "계립현·죽령 서쪽이 우리에게 돌아오지 않는다면 곧 돌아오지 않겠다. "

遂行與羅軍戰於阿旦城之下 爲流矢所中 路而死

마침내 출정해서 신라군과 아단성의 아래에서 싸우다가 날아오는 화살에 맞아서 길을 가다가 죽었다.

欲葬 柩不肯動 公主來撫棺曰 死生決矣 於乎歸矣 遂擧而窆 大王聞之悲慟

장례를 치르고자 하였는데 관이 좀처럼 움직이려 하지 않자 공주가 와서 관을 어루만지며 말하기를, "살고 죽는 것이 이미 결정되어 있으니 아! 돌아가시오." 마침내 (관이) 들리어 구덩이에 묻었다. 대왕이 그것을 듣고 비통해했다.

09 | 한시(漢詩)

1. 한시(漢詩) 연구

① 특정 작품의 주제, 그와 같은 작품의 배경 상황 구명
(작자의 메시지, 사회적 배경, 개인적 처지 고려)

② 작품의 주제를 효과적으로 표현하는지 해명

③ 작품에서 감동의 정체(시를 좋다고 하는 이유)를 해명

④ 시는 독립적인 것(작품이 발표되면 시인을 떠나는 것)

⑤ 시는 다양하게 읽힐 가능성이 많은 작품이 훌륭한 작품
(작품은 불완전한 상태로 존재)

2. 한시(漢詩)의 이해

① 고체시(古體詩, 古詩)

· 당나라 시기 근체시와 구별하기 위한 그 이전까지의 시

· 당나라 이후 새로운 시의 형체가 나타났기에 그것과 구별하기 위한 용어

· 종류: 四言古詩, 五言古詩, 七言古詩, 雜言古詩

② 근체시(近體詩)

· 의미: 당나라 이후 형식을 요구하는 새로운 시형

· 성격: 古詩와 구별하기 위해 일컫는 말 (당나라 이후에 생성)

· 종류: 絶句(5언·7언/4구), 律詩(5언·7언/8구), 排律(5언·7언/12구~)

	고시(古詩)	근체시(近體詩)
줄 수	제한 없음	고정(排律 제외)
한 구	고정 없음	고정
운자 (韻字)	換韻 가능 · (일정한 구의 수)(선택) · 압운은 두 구마다(매구 가능) · 평성운·측성운 교대	一韻到底格 (운자는 평성운, 운자 아닌 각 구는 측성)
수사법 (修辭法)	같은 글자 사용	絶句: 起-承-轉-結 律詩: 首-頷-頸-尾 對句法: 律詩-3·4구, 5·6구
		같은 글자 사용× (같은 句, 聯 등 특별한 경우는 제외)

③ 악부시(樂府詩)

· 의미: 한(漢) 무제(武帝)가 음악을 관장하기 위해 만든 관청 악부에서 채집하고 지은 시

· 성격: 초기에는 노래 가사라는 점에서 고시(古詩)와 구별
후대에 근체시의 형식을 가진 작품이 생겨남.
(이제현李齊賢, 민사평閔思平, 신위申緯의 소악부小樂府)
소재와 주제의 세속성·보편성, 형식의 개방성,
토속적 어휘와 평이한 서술적 문투

④ 사성(四聲): 소리의 고저(高低), 강약(强弱), 장단(長短)에 따라 4가지로 나눈 한자의 발음 방식(현대 중국어 四聲과도 크게 다름.)

평성(平聲)		평이하게 말함.
측성(仄聲)	상성(上聲)	높이 불러 맹열하고 강하게 말함.
	거성(去聲)	분명하면서 애처롭고 멀게 말함.
	입성(入聲)	짧고 촉박하게 급히 거두어 말함.

⑤ 압운(押韻)

· 시의 형식에 따라 시구의 끝에 정해진 법칙에 따라 운을 배치하는 것

· 짝수 구 마지막 글자에는 예외 없이 압운(5언 시에서 첫 구에는 압운하지 않는 것이 원칙, 7언 시에서는 첫 구에 압운하는 것이 원칙)

· 운서(韻書): 모든 글자를 대표하는 106운을 배열하여 귀속

⑥ 평측법(平仄法): 평성과 측성(상성·거성·입성)을 일정하게 배열하는 방식 (한시의 음악적 효과를 극대화)

· 平起式·仄起式: 첫 구의 두 번째 글자가 평성이나 측성으로 시작 (5언 근체시: 측기식, 7언 근체시: 평기식이 正格)

· 二四不同: 각 구절의 2언과 4언의 글자는 서로 반대되어야 함.

· 二六通(二六對): 각 구절의 2언과 6언은 글자는 서로 같아야 함.

· 對法(↔失對): 홀수 구와 짝수 구의 글자는 서로 반대되어야 함.

· 粘法(↔失粘): 짝수 구의 짝수 글자는 홀수 구의 짝수 글자와 같아야 함.

· 一三不論: 5언 시에서 1번째, 3번째 글자의 평측을 따지지 않음. (1·2번째, 3·4번째 글자가 같은 것이 이상적임.)

· 一三五不論: 7언 시에서 1번째, 3번째, 5번째 글자의 평측을 따지지 않음.

· 二四分明: 5언 시에서 2번째, 4번째 글자의 평측은 확실하게 해야 함.

· 二四六分明: 7언 시에서 2번째, 4번째, 6번째 글자의 평측은 확실하게 해야 함.

· 孤平: 각 구절의 끝에서 두 번째 글자(5언시: 4번째 글자, 7언시: 6번째 글자)가 평성일 때, 앞과 뒤가 측성일 때

· 孤仄: 각 구절의 끝에서 두 번째 글자가 측성일 때, 앞과 뒤가 평성일 때

· 下三連: 5언 시에서는 3~5번째 글자의 평측이, 7언 시에서는 5~7번째 글자의 평측이 같지 않도록 배열한다.

⑦ 그 밖의 구성

· 기승전결법(起承轉結法): 絶句 (시상-확장-전환-마무리)

· 수함경미법(首頷頸尾法): 律詩 (1·2구-3·4구-5·6구-7·8구)

· 대구법(對句法): 서로 대응되거나 상대되는 구절을 나란히 배열
(律詩의 3·4구와 5·6구는 반드시 대구)

· 선경후정(先景後情): 앞에서 객관적인 풍경을 묘사, 주관적인 정서는 뒤에서 드러내는 방식. (한시의 주제는 작품 뒷부분에 함축되어있는 것이 일반적)

· 講讀: 5언 시(○○/○○○), 7언 시(○○ ○○/○○○)

⑧ 한시 작법(作法)의 이상적인 형태

5언 절구(평기식)	5언 절구(측기식)	5언 율시(평기식)	5언 율시(측기식)
○○●●○ ●●○○◎ ●●○○● ○○●●◎	●●○○● ○○●●◎ ○○○●● ●●●○◎	○○○●● ●●○○◎ ●●○○● ○○●●◎ ○○○●● ●●●○◎ ●●○○● ○○●●◎	●●○○● ○○●●◎ ○○○●● ●●○○◎ ●●○○● ○○●●◎ ○○○●● ●●●○◎
7언 절구(평기식)	7언 절구(측기식)	7언 율시(평기식)	7언 율시(측기식)
○○●●●○◎ ●●○○●●◎ ●●○○○●● ○○●●●○◎	●●○○●●◎ ○○●●●○◎ ○○●●○○● ●●○○●●◎	○○●●●○◎ ●●○○●●◎ ●●○○○●● ○○●●●○◎ ○○●●○○● ●●○○●●◎ ●●○○○●● ○○●●●○◎	●●○○●●◎ ○○●●●○◎ ○○●●○○● ●●○○●●◎ ●●○○○●● ○○●●●○◎ ○○●●○○● ●●○○●●◎

【참고】 https://sou-yun.cn/QR.aspx
http://www.hanshi.kr/

中國詩 選讀

去者日已疎 古詩十九首

去者日已疎 來者日已親
出郭門直視 但見丘與墳
古墓犁爲田 松柏摧爲薪
白楊多悲風 蕭蕭愁殺人
思還故里閭 欲歸道無因

떠나는 사람은 날마다 소홀해지고 살아서 오가는 사람은 날마다 친해진다.
성곽문을 나가서 바라보니 다만 작은 무덤과 큰 무덤이 보이니
오래된 무덤은 밭을 갈아 밭이 되고 소나무와 측백나무는 오래되면 꺾여 섶이 된다.
백양나무에서는 슬픈 바람이 부니 스산한 소리에 나의 시름이 깊어진다.
고향에 돌아갈 것을 생각해보지만 돌아가고자 해도 돌아갈 수가 없다.

上邪　　樂府詩

上邪
我欲與君相知 長命無絶衰
山無陵 江水爲竭
冬雷震震 夏雨雪
天地合 乃敢與君絶

하늘이시여!
내가 그대와 더불어 서로 사랑해서 오래 살면서 사랑이 끊어지고 쇠약함이 없고자 한다.
산에 언덕이 없어지고 큰 강물이 다 마르고 겨울에 우레가 울리고
여름에 비가 내리고 하늘과 땅이 합해지면 비로소 감히 그대와 헤어지리라.

江南　　樂府詩

江南可採蓮　蓮葉何田田　魚戱蓮葉間
魚戱蓮葉東　魚戱蓮葉西
魚戱蓮葉南　魚戱蓮葉北

강남에서 연꽃을 따네. 연잎은 어찌 저렇게 떠있나? 물고기는 연잎의 사이에서 놀고
물고기는 연잎의 동쪽에서 놀고　　물고기는 연잎의 서쪽에서 놀고
물고기는 연잎의 남쪽에서 놀고　　물고기는 연잎의 북쪽에서 논다.

西門行　　樂府詩

出西門　　步念之
今日不作樂　　當待何時
逮爲樂　　逮爲樂　　當及時
何能愁怫鬱　　當復待來玆
釀美酒　　炙肥牛
請呼心所懽　　可用解憂愁
人生不滿百　　常懷千歲憂
晝短苦夜長　　何不秉燭遊
遊行去去如雲除　弊車羸馬爲自儲

서문을 나가서 걸어가다가 생각해보니
오늘 즐겁게 놀지 않고 마땅히 어느 때를 기다리겠는가?
미쳤을 때 즐겁게 하고, 미쳤을 때 즐겁게 하고, 마땅히 미칠 때 하라.
어찌 능히 근심이 있어 답답해하며 마땅히 다시 내년을 기다리겠는가?
맛좋은 술을 짓고 살찐 소를 구워 마음 가는 바 (친구를) 기쁘게 청하여 그렇게 함으로써 근심을 풀 수 있다.
인생은 백 년이 차지 않는데 항상 천 년의 근심을 품는다.
낮은 짧고 괴로운 밤은 긴데 어찌 촛불을 잡고 놀지 않겠는가?
놀러 다니기를 가고 가서 구름을 더는 것 같으니 수레가 낡고 말이 지쳐도 우리 스스로를 위한 것이다.

十五從軍征　樂府詩

十五從軍征　八十始得歸
道逢鄕里人　家中有阿誰
遙望是君家　松柏冢纍纍
兎從狗竇入　雉從梁上飛
中庭生旅穀　井上生旅葵
烹穀持作飯　採葵持作羹
羹飯一時熟　不知貽阿誰
出門東向望　淚落沾我衣

15세 때 군대 출정에 따라가 80세에 비로소 돌아올 수 있었다.
길에서 고향 마을 사람을 만나서 우리집 가운데 누가 남아있는가?
멀리 바라보이는 것이 그대 집이지만 소나무·잣나무 아래 무덤만 모여 있다.
토끼는 개구멍을 좇아 들어오고 꿩은 들보 위를 좇아 날아다닌다.
가운데에 뜰에는 뿌리지 않은 곡식이 자라고 우물가에서는 아욱이 자랐다.
곡식을 삶아가지고 밥을 짓고 아욱을 캐어가지고 국을 지으니
국과 밥이 한 번에 익지만 누구에게 주어야할지 알 수 없다.
문에 나가 동쪽을 향해 바라보니 눈물이 떨어져 나의 옷에 더한다.

五噫歌　梁鴻

陟彼北邙兮噫　顧瞻帝京兮噫
宮闕崔嵬兮噫　民之劬勞兮噫
遼遼未央兮噫

저 북망산에 오르니 아! 우러러보는 황제가 있는 서울을 돌아보니 아!
궁궐을 높고 높기만 하니 아! 백성들이 수고로우니 아!
시간이 멀고 멀어 끝이 안 날 것 같으니 아!

江村　杜甫

清江一曲抱村流　長夏江村事事幽
自去自來堂上燕　相親相近水中鷗
老妻畵紙爲碁局　稚子敲針作釣鉤
多病所須唯藥物　微軀此外更何求

맑은 강의 한 굽이가 마을을 품고 흐르니 긴 여름 강촌이 일일이 그윽하다.
스스로 갔다 스스로 오는 것은 집 위의 제비요, 서로 친하고 서로 가까운 것은 물 가운데 갈매기다.
늙은 아내는 종이에 그려 바둑판을 만들고 어린 아들은 바늘을 두드려 낚시 갈고리를 만든다.
병이 많은 내가 필요한 바는 오직 약물이니 미천한 몸은 이것을 제외하고 다시 무엇을 구하겠는가?

雜詩 陶潛

人生無根蔕 飄如陌上塵
分散逐風轉 此已非常身
落地爲兄弟 何必骨肉親
得歡當作樂 斗酒聚比隣
盛年不重來 一日難再晨
及時當勉勵 歲月不待人

인생에는 근거가 없으니 나부끼는 것이 길 위의 먼지 같다.
나누어 흩어져서 바람 따라 구르니 이것은 이미 항상 있는 몸이 아니다.
땅에 떨어져 형제가 되었는데, 어찌 반드시 골육과 친할 건가.
기뻐하는 일을 얻으면 마땅히 즐거워하고 한 말의 술로 이웃을 모아라
성대한 나이는 다시 오지 않고 하루에 새벽을 다시 하기는 어렵다네.

四時 陶潛

春水滿四澤 夏雲多奇峰
秋月揚明輝 冬嶺秀孤松

봄의 물은 사방의 못을 채우고, 여름의 구름은 기이한 봉우리가 많다.
가을의 달은 밝은 빛을 날리고, 겨울 고개는 외로운 소나무가 빼어나구나.

春曉 孟浩然

春眠不覺曉 處處聞啼鳥
夜來風雨聲 花落知多少

봄날 잠에 빠져서 새벽인지 모르고 곳곳에 우는 새 소리 듣고 일어났네.
지날 밤사이 비바람 소리 들었으니 꽃이 떨어지는 것이 얼마쯤인지 알지 못하겠다.

過故人莊 孟浩然

故人具雞黍 邀我至田家
綠樹村邊合 青山郭外斜
開軒面場圃 把酒話桑麻
待到重陽日 還來就菊花

친구가 닭과 기장밥을 구하여 나를 초대하여 전가에 이르게 했다.
푸른 나무는 마을 가에 어울리고 푸른 산은 성곽 밖에 비스듬하네.
창문을 열어 채마밭을 바라보고 술잔을 잡고 농사일에 얘기하며
다시 죽량일에 이르면 다시 국화주를 마시겠다.

月下獨酌　李白

天若不愛酒 酒星不在天
地若不愛酒 地應無酒泉
天地旣愛酒 愛酒不愧天
已聞淸比聖 復道濁如賢
賢聖旣已飮 何必求神仙
三盃通大道 一斗合自然
但得醉中趣 勿爲醒者傳

하늘이 만약 술을 좋아하지 않는다면 주성은 하늘에 있지 않다.
땅이 만약 술을 좋아하지 않는다면 땅에 응당 주천이 없을 것이다.
천지가 이미 술을 사랑하니 술을 사랑하는 것은 하늘에 부끄럽지 않다.
이미 청주는 성인에 비한다고 들었고 다시 탁주는 현인과 같다고 말해지네
성인과 현인 같은 술을 이미 마셨으니 어찌 신선을 구하겠는가?
석 잔을 마시면 큰 도가 통하고 한 말을 마시면 자연과 합해진다.
다만 취한 가운데 즐거움을 얻을 뿐이고 술 마실 줄 모르는 사람에게 전하지 마라.

早發白帝城　李白

早辭白帝彩雲間 千里江陵一日還
兩岸猿聲啼不盡 輕舟已過萬重山

이른 아침에 백제성 채색 구름 사이를 떠나서 천 리나 떨어진 강릉길을 하루 만에 돌아오네.
양쪽 언덕에 원숭이 소리가 다하지 않는데 가벼운 배는 이미 만중산을 지나가네.

山中與幽人對酌　李白

兩人對酌山花開 一杯一杯復一杯
我醉欲眠卿且去 明朝有意抱琴來

두 사람이 마주해서 술 마시는데 산에 꽃도 피어 있고,
한 잔 한 잔 다시 한 잔을 마신다네
나는 취해서 잠자고자 하는데 그대는 돌아왔다가
내일 아침 뜻이 있거든 거문고를 안고 오너라.

友人會宿　李白

滌蕩千古愁 留連百壺飮
良宵宜淸談 皓月未能寢
醉來臥空山 天地卽衾枕

천고의 시름을 씻기 위해 한자리에 앉아 100병의 술을 마셨네.
좋은 밤 맑은 이야기를 나누기에 마땅하고 밝은 달 잠을 잘 수 없네.
술에 취해 텅 빈 산에 누우니 하늘과 땅이 곧 이불, 베개라.

登高　杜甫

風急天高猿嘯哀　渚清沙白鳥飛廻
無邊落木蕭蕭下　不盡長江滾滾來
萬里悲秋常作客　百年多病獨登臺
艱難苦恨繁霜鬢　潦倒新停濁酒杯

바람은 급하고 하늘은 높고 원숭이는 슬프게 울고 맑고 깨끗한 물가엔 갈매기들 돌며나네.
끝없이 떨어지는 낙엽은 쓸쓸하게 내리고 끝없이 흐르는 장강은 꿈틀꿈틀 흘러간다.
만 리 밖에서 가을을 슬퍼하며 항상 나그네가 되어 백년 동안 병이 많아 홀로 대에 오른다.
가난 때문에 서리 맞는 살쩍이 번성한 것이 심히 한스럽고 늙고 쇠하여 좋아하는
탁주잔을 멈춘다.

春望　杜甫

國破山河在　城春草木深
感時花濺淚　恨別鳥驚心
烽火連三月　家書抵萬金
白頭搔更短　渾欲不勝簪

나라는 깨졌는데 산과 강은 그대로 있고, 장안성에 봄이 돌아와 풀과 나무가 심하다.
시대를 느낌에 꽃을 보고도 눈물을 흘리고 이별을 슬퍼하니 새조차 마음이 놀란다.
봉화가 석 달 동안 이어지니 집에서 오는 편지는 만금보다 값지다.
흰 머리를 긁어서 다시 짧아지니 전혀 비녀를 이기지 못하고자 한다.

旅夜書懷 杜甫

細草微風岸 危檣獨夜舟
星垂平野闊 月湧大江流
名豈文章著 官因老病休
飄飄何所似 天地一沙鷗

가늘 풀 돋아난 언덕에 산들바람 불고 높은 돛대에 홀로 지새우는 밤이네.
별은 평평한 들 위에 드리우고 달은 큰 강에 솟아올라 흐른다.
이름이 어찌 문장으로 나타나겠나? 관직은 늙고 병들기 때문에 그만두었다네.
이리저리 떠도는 나는 같은 바가 무엇이나? 하늘과 땅 사이 모래 갈매기라.

孤雁 杜甫

孤雁不飮啄 聲聲飛念群
誰憐一片影 相失萬重雲
望盡似猶見 哀多如更聞
野鴉無意緖 鳴噪自紛紛

외로운 기러기가 마시지도 쪼지도 않고 소리 내며 날면서 무리를 그리워한다.
누가 한 조각의 그림자를 가련하게 여겨서 만 겹의 구름 속에 서로 잃었다네.
바라봄이 다하여 아직도 보이는지 슬픔이 많아 다시 울음소리 들려오는 것 같다.
들까마귀는 무심하고 울며 떠나며 자기들은 스스로 분분하구나.

【참고】 Chat GPT가 답한 '한시를 잘 짓는 법' 일부

1. 주제 선정

한시는 한정된 공간 안에 감정, 생각, 경험을 담아내는 것이 중요합니다. 따라서, 시를 쓰기 전에 어떤 감정이나 생각을 담을 것인지, 그리고 어떤 이미지나 장면을 포함할 것인지 결정해야 합니다.

2. 자유로운 표현

한시는 특정한 시적 형식에 따라 쓰이지만, 그 안에서도 자유롭게 표현할 수 있습니다. 따라서, 시를 쓸 때 자신의 감정과 생각을 자유롭게 표현하고, 다양한 시적 기법을 활용해 시를 더욱 풍부하게 만들어 보세요.

3. 극적인 효과

한시는 짧은 분량으로 강렬한 감정을 전달하는 것이 중요합니다. 따라서, 시를 쓸 때는 극적인 효과를 만들어내는 것이 좋습니다. 이를 위해서는 감정이나 상황을 강조하는 강렬한 어구나 이미지를 사용하거나, 글의 구성과 강세 등을 적절히 조절할 수 있습니다.

4. 말과 음악의 조화

한시는 시적인 언어를 사용하므로, 말과 음악의 조화가 중요합니다. 따라서, 시를 쓸 때는 시적 언어와 악기 소리 등을 조화시키는 것이 좋습니다.

5. 단어의 선택

한시는 짧은 분량으로 강렬한 감정을 전달하는 것이 목적이므로, 단어의 선택이 중요합니다. 따라서, 시를 쓸 때는 강렬하고 생동감 있는 단어를 사용하고, 표현이 모호한 단어나 함부로 하는 표현을 피하는 것이 좋습니다.

10 | 한문교육 이야기

▶ 교원자격증

중등학교 한문교사·강사가 되기 위해서는 중등학교 1·2급 정교사(한문) 자격증이 필요하다. 사범대학 한문교육과에 입학하여 4년의 과정을 마치면 2급 정교사(한문) 자격증을 취득할 수 있다. 4년제 대학교에 한문교육과[1])가 개설된 학교는 아홉 군데밖에 되지 않는다.[2]) 국어교육과에 비하면 터무니없이 부족하지만, 같은 제2외국어 교과인 일어교육과의 상황이나 각 학교 한문 교사의 재직 수를 살펴보면 이해가 되기도 한다. 반드시 학부에서 한문교육과를 졸업해야만 교원자격증을 받을 수 있는 것은 아니다. 한문학과(고려대, 성균관대, 경북대, 부산대 등)에서 교직과정을 이수하거나 교육대학원 한문교육전공 석사과정(부산대, 공주대 등)을 마치게 되더라도 중등학교 2급 정교사 자격증을 받을 수 있다.

---

1) 보통 한문교육과를 영문으로 표기할 때 Chinese character Education이라 하나 Department of Sino-Korean Literature Education(계명대학교), Department of Archaic Sino-Korean Education(영남대학교)이 본의를 잘 살린 것이라고 볼 수 있겠음.

2) 한문교육과 개설대학

지역	대학교	단과대학	학과명
서울	성균관대학교(사립)	사범대학	한문교육과
	성신여자대학교(사립)		
대구	계명대학교(사립)		
경기도	단국대학교(사립)		
강원도	강원대학교(국립)		
경상북도	영남대학교(사립)		
전라북도	원광대학교(사립)		
	전주대학교(사립)		
충청남도	공주대학교(국립)		

<table>
<tr><th>①</th><th>②</th><th>③</th></tr>
<tr><td rowspan="3">사범대학 한문교육과
입학</td><td rowspan="2">문과대학 한문학과
입학</td><td>문과대학 한문학과
입학</td></tr>
<tr><td rowspan="2">문과대학 한문학과
졸업[학사]</td></tr>
<tr><td rowspan="2">교직과정 신청·이수</td></tr>
<tr><td rowspan="3">사범대학 한문교육과
졸업[학사]
(중등학교 2급 정교사 자격증 취득)</td><td rowspan="2">교육대학원 한문교육전공
입학</td></tr>
<tr><td rowspan="2">문과대학 한문학과
졸업[학사]
(중등학교 2급 정교사 자격증 취득)</td></tr>
<tr><td>교육대학원 한문교육전공
졸업[석사]
(중등학교 2급 정교사 자격증 취득)</td></tr>
</table>

중등학교 2급 정교사(한문) 자격증 취득 과정

교원자격증을 받았다고 해서 교사로서의 신분이 보장되거나 학교로 임용 발령해주지 않는다. 교사가 될 수 있는 자격이 된다는 의미 정도일 뿐이다. 교원자격증 취득 후 중등학교 교사 임용후보자 선정경쟁시험3)에 응시하여 합격하는 것 외에는 정규교사가 될 방법은 전혀 없다고 보는 것이 옳다.

3) 편의상 '임용시험'이라고 하는 것의 정식 명칭이다. 사립학교의 경우 1차 시험은 교육청 위탁으로 공립학교와 동일하게 시행되며 2·3차 전형은 법인 자체로 진행된다. 평생교육법에 따라 설립된 학력인정 평생교육시설 학교의 경우에는 이 시험을 따르지 않는 듯하다.

▶ 대학교 졸업 후 교사로서 처음 학교에 갔던 날

사범대에서 대학 생활을 보냈으니 졸업 후에는 당연히 교사가 되리라 생각했다. 역시나 현실과 이상은 달랐다. 졸업하는 해에 공·사립 임용시험에 합격한 정규교사인 친구가 없었고, 계약제 교원(기간제교사·시간강사) 채용에 합격한 친구도 없었다. 무엇보다 제때 졸업하는 동기가 생각보다 없었다.

임용시험을 봐서 공·사립학교 정규교사가 되는 것은 정말 힘들다. 임용시험이 수능과 크게 다른 점은 객관식 문항이 없다는 점, 답안 공개가 없다는 점, 시험 범위가 명확하지 않다는 점이었다. 그래서인지 대학교 4학년 때 시험을 준비하면서 절망과 좌절, 보이지 않는 희망을 많이도 느꼈던 것 같다.

계약제 교원(기간제교사·시간강사)도 쉽게 할 수 있는 게 아니었다. 교직 경력이 없고, 4년제 대학을 갓 졸업한 사람이 바로 기간제교사나 시간강사로 채용되는 경우는 정말 보기 드물다. 그런데도 채용된 경우는 ① 학부 때 학생들을 가르친 경험(학원강사, 대외활동 등)이 있거나 ② 흔히들 명문이라고 칭하는 대학교를 졸업했다거나 ③ 그 학교에 지원하는 사람이 없다거나 ④ 갑작스러운 병가·휴직 등으로 급하게 수업해야 할 교사가 필요하거나 ⑤ 학교에서 먼저 연락이 왔을 때가 그러한 경우다.

이런 현실 속에서 나는 가까스로 자리를 구했다. 학부 때 취득한 독서논술지도사(1급) 자격증을 가지고 논술학원 강사를 시작하려고 했지만, 처음부터 학원 강사로 지내면 학교로 가기 어려울 것 같아서 내가 배운 전공을 살려 고등학교 교사, 한문을 가르치는 선생님으로 시작하기로 했다.

첫 학교에서 새 학기 준비 연수하던 날, 회의장에 인사하러 갔는데 나에게 주었던 교사들의 반응은 다음과 같았다.

▹ "선생님, 그럼 학교가 처음이신 거네요?"	▹ "쌤, 그럼 나이가 몇 살이세요?"
▹ "아하하하하하하"	▹ "군대는 다녀오셨어요?"

학생들이 할 법한 질문이었지만 교사라고 다를 바가 없었다. 신규 교사가 많았지만 갓 졸업한 남자 한문교사는 처음 본 듯한 반응이었다. 기분이 썩 좋지는 않았지만, 처음 겪는 반응도 아니었다. 회사나 학교도 그렇고 특히 군대가 그렇지만 신입은 언제나 관심의 대상이기 때문이어서였다.

▶ 첫 수업시간 설문

3월 2일, 입학식 겸 개학이었다. COVID-19가 한창이던 때라 강당에서 입학식을 하지 않고, 교실에서 담임 주관으로 이루어졌다. 3교시부터 정상 수업이 이루어졌는데 개학 첫날이기에 정상적으로 수업이 될 리가 없다는 사실을 이미 경험을 통해 알고 있었다. 첫 수업에서 나의 이름과 평가계획 정도만 알려주고 끝내기는 허전해서 학생들에게 설문을 받았다. 대학에 다닐 때 전공 교수님께서 학기 초 오리엔테이션 시간에 설문을 나눠주고 학생들의 수준과 요구를 점검했던 것이 기억에 남아 나도 해보았다.

설문 결과의 일부는 다음과 같았다.

▷ 한자·한문과 관련한 학습 경험이 있나요?

중학교 [illegible] 한문 배운 적이 있었고, 지금은 [illegible]
없음
중학교 1학년 [illegible]
중학교에서만 배워보았다.
중고 교과 수업
학교에서 배운 게 다에요

중국에서 태어나 10년 넘게 살아왔던 저한테는 익숙한 단어이나 다 까먹어서...

초등학교 때 한자 공부를 했었고 중학교 때도 조금 했었습니다

한능검 준비하고 있긴 함 6급?

고사성어, 중국어, 그리고 한자를 어린이같이 배웠습니다.
아- 어렵진 않은 부분이었음.

중학교 때 학교에서 했었습니다.

어릴때 구몬에서 한자를 배우고 중학교 3학년때 한문 과목을 배웠다.

7살에 [illegible]에서 한자 8급 → 전체 11위 4회 했습니다.

초등학교 때 한자능력검정시험 8급 합격했습니다
중학교 3학년 때 한문시간이 있었습니다.

초등학교 때 한자능력검정시험 6급까지 땄다. (지금은 다 까먹었다

초, 중 학교에서 한자·한문을 배웠는데 까먹었습니다

초등 1 때, 8급을 땄음.(단 지금은 기억 안 남)
초등 5때, 한자 교육을 받았음. 하지만 이 역시 기억 안 남

마법천자문 30권 독서, (복습으로 읽는 단어 카드 몇 천 개 외우기).....

어릴 때 구몬으로 한자를 배워서 한자능력검정시험 8급?을 땄던 것 같다.

초등학생 때 한자능력검정시험 준4급까지 땄었습니다! (지금은 다 까먹었지만요..ㅠㅠ)

한자능력검정시험 5급, 4급, 3급을 공부해 3급까지 땄습니다.

한문은 중학교 2학년 때 배웠던 기억이 있습니다.

초등학교 독서 시간 한자를 배웠음.

딱히 없지만 어릴 때부터 한자 학습에 대해 흥미를 가지기 힘들었다.

중학교 2학년 때 한문 과목을 접하게 된 부분.

5세~9세 였을 무렵 8급~5급 정도까지 공부한 적이 있었는데 최근에는 한문을 공부한 적이 없었다.

초등학교 저학년 때 한자 방과후를 수강한 적이 있습니다. 급수는 오래전이라 기억이 나지 않네요... 사실 거의 다 까먹어서 학습 경험이 없다고 봐도 무방할 것 같습니다...

유치원 때 한자 8급 따고 이후엔 초등학교부터 안 하다가 중고 때 1년 정도 더 배웠습니다

중학교 때 방과후 활동으로 약간...

▷ 평소 한자·한문에 대한 자기의 생각은?

제생각에는 사람으로는 한자가 어느정도 같아요. 한문은 배워도 되니 의 생각입니다

한자 혹은 한문을 의 범용성은 매우 뛰어난다고 생각하지만 동시에 난이도도 높다고 생각 합니다

한자 한문 난이도 완전 어렵다

난이도는 중상정도 필요성은 매우 높다

어렵다. 뭔가 외국어를 보는 느낌...
가끔가다 사용을 하지 많이 필요하다고 못느끼겠다

어려워요 (쉬운 한자는 대부분 알아요)

난이도 그러나 제가 암기를 잘 못해서 한문을 정말 어려워해요
필요성 그런데 또 한국어는 한자로 쓰여있어요 (예: 우인도 등등)
그래서 필요하다 생각해요 단어의 뜻을 알려면

어렵다 한글이 있는데 굳이..?

살면서 필요할것 같고 어렵다.

난이도는 중하~중 정도 필요성은 많이 느낌 (한글의 뜻을 알수 있기때문에)

필요성은 기본적인 것만 알면 된다고 생각하고, 난이도는 중간 같다

한자의 역사적가치 를 생각하면 필요성이 높은 것은 당연하지만
공감하기 어려운 언어라고 생각 합니다.

어렵고 필요성은 있다고 생각한다.

난이도는 중 정도. 일상생활에서 필요하다고 생각을 못해봄

난이도는 어려운것 같다
사자성어은 알아야되기 때문에 필요한것 같습니다

외우는 것, 난이도 상, 국어나 책 읽을 때 필요.

난이도는 높지 않은 것 같고 필요성은 높진 않은데
배우면 좋은 것 같다

한자는 너무 어렵고 힘든 거 같다.

한자가 우리 말에 많이 사용되는 것은 알지만 어렵고
지루해서 별로 좋아하지 않는다.

~~한국보다 어렵기 때문에 현대적인 한자 만든다~~
한자·한문은 한글을 많이 써서 필수로 알아둘 필요는 없지만 알아두면 조금 쓸모있다고
생각합니다.

난이도는 높고, 필요성은 기본적인 한자만 알면 된다고 생각합니다.

비문학, 역사, 한자어 등 한자나 한문이 쓰이므로 살아가는데 많 필요가
있다고 생각한다.

필요성은 중간 → 한자를 알면 국어에도 도움될 것 같은데, 사회탐구에서도 도움되는 경우↑

난이도는 최상 → 외계어를 공부하는 것 같음.

한자·한문은 아직까지도 많은 분야에서 이용되고, 꼭 필요한 경우가 생기기 때문에 이러한 상황을
극복하고 이해하려면 약간의 공부를 해야하지 않을까 생각이 들고, 한자가 예전에 쓰였던 문자라고
~~생각해서 옛날지 과거의 역사와 유래를 알아야 해서 많은 생각을 해야하는 학문이라고 생각해서~~
조금 어렵다고 생각합니다

어렵다 . 하지만 재미있다.

어떤 상황을 가리켜 빗대어 비유하는 것이 한문의 재적이라는 것 정도는..

생활에서 쓰는 것도 필요하다고 생각하지만. 대부분 되고 해서 한자·한문이 좀 어려운 것 같아요.

어렵다고 생각한다. 국어 과목 지문이나, 한자의 뜻을 가진 단어들이 많기 때문에 필요하다고 생각한다.

지금 고3들은 공부하고 있는데 너무 어려워서 머리에 하나도 안 들어오고 알던 한자들까지 까먹을 것 같지만 한자는 정말 필요하다고 생각합니다. 국어 공부에도 도움이 되고 책을 읽을 때 등 일상생활에 관련있어 더욱 필요하게 느끼는 것 같습니다.

예전부터 책을 많이 읽지 않아서 어휘가 많이 부족하다고 생각하는데 요즘 공부를 하며 모르는 어휘를 찾아보면 한자로 되어있는 경우가 많아서 필요성을 느끼고 있고 약간 어렵다고 생각합니다.

※ 일본어를 공부하고 있어서 한자를 그래도 접하는 편인데 난이도도 어렵지만 꽤 필요하다고 생각한다. 언어능력에 도움이 되고, 무엇보다 본인 이름정도는 한자로 쓸 수 있도록..

한자·한문에 익숙하지 않아서 한자와 한문이 많이 어렵게 느껴진다.
신문을 읽다 보면 한자로 된 말들이 많은데 그것을 잘 해석하지 못할 때 한자와 한문의 필요성을 많이 느낀다.

쓰는 것도 어렵고 요즘 일상생활에서는 한자나 한문을 직접적으로 많이 사용하지 않아서 어렵게 느껴지는 편이며, 하지만 시험 지문에는 여러 한자어 어휘가 많이 등장하여 한자·한문의 학습에 대한 필요성을 느끼고 있다.

국어를 더욱 잘 이해하고 쓰기 위해서 필요한 것이지만 국어를 위한 수단일 뿐 한자·한문을 중점적으로 배울 필요는 없다고 생각합니다. 접근하기에 어려운 존재로 느껴집니다.

매우 높음 (난이도, 필요성 모두)

그닥 어렵지는 않은 것 같고, 우리말의 단어 뜻을 잘 이해하기 위해서는 어느정도 필요하다고 생각한다.

한문을 알아야 어려운 단어들이 무슨 뜻인지 알 수 있기 때문에 필요하다고 생각한다.

읽으려면 성격을 2번 해야해서 복잡한 듯. ex) 大人 → 대인 → 큰 사람.

난이도는 극상이고 진로와 분야가 법과 관련되어 있어서 저에게는 필요한 공부라고 생각합니다.

한자를 예전에 공부해 한자는 많이 알았지만 한문은 어려웠던 것 같습니다. 한자도 다 까먹었습니다...

국어문제를 풀거나 일상생활에서 사용하는 단어들에 한문이 많이 사용되어서 필요하다고 생각합니다.

좀 많이 어려운 것 같고 필요성은 높은 편인 것 같다.

난이도: 중상 (어려움...), 필요성: 70~80% (한문, 한자는 한국에서 살 이상 언제나 한 번쯤은 필요함)

아무래도 우리나라말의 대부분이 한자어인 만큼 필요하다고는 느끼고 있는데 한자 하나하나 외우기가 너무 어려운 것 같다

필요하지만, 어렵고 획 순서를 지키기 어렵다.

한자·한문은 항상 외우기 바쁘고 암기하기 힘들어서 쉽다고 느껴본적은 없다. 이름이나 필수품을 비롯해서 한자를 알아야 단어의 뜻을 이해하기 편리하다고 생각했다

우리 주변에 한자와 한문은 항상 곁에 있지만, 한문을 쓰고 외우는 것이 귀찮고 쉽게 잊혀지기에 개인적으로는 어려웠던 것 같다.

너무 어렵지만 필요성과 중요성은 큰 것 같아요.

어렵다는 생각이 들고 글자가 너무 헷갈리는게 많다고 생각합니다. 한자는 어느정도 읽을 수 있는데 한국어로 어떻게 읽을 줄 모릅니다.

매우 어렵다고 느끼며 뜻이 주어져도 해석하기 어렵다. 한자를 보기만 해도 졸려 멍 된다

계속 봐도 익숙해지지 않고 암기들이 힘들다고 생각함. 한자들은 단어의 뜻을 유추하고, 정확하게 파악하는데 도움을 줌

외우기 너무 어렵고 복잡하게 생겼지만 고전 문학이나 표, 그런거 어느정도 해석을 하기 위해 어느정도는 알아야 된다고 생각.

한자는 영어와 달리 상형문자이므로 암기에 더 수월하다고 생각한다. 더불어 한자는 우리말의 60% 이상을 형성하고 있기에 어휘력 강화에 큰 도움이 된다.

아예 한자를 다 까먹어서 제 이름도 한자로 못써요. 중학교때 배운 한문은 그냥 암기로 한거라 금방 잊어버렸어요.

새로 배우는 한자의 경우, 낯설기 때문에 어렵지만, 그래도 배울만한 가치가 있다고 생각한다. 왜냐하면 한자를 알면 오히려 우리말(한자어)을 잘 이해할 수 있고, 사자성어 등 더 풍성한 표현을 사용할 수 있기 때문은

우리가 쉽게 접하거나 쓰는 한자·한문들은 잘 읽고 쓸 수 있지만 5번처럼 획이 많거나 비슷한 한자들의 구별은 어렵다고 생각한다.

어렵지만 국어와 연관이 많아서 중요하다고 생각한다

한자 배우는 것뿐만 아니라 꾸준히 신경써야 할 다른 것들이 많아서 어렵게 느껴지고 확실히 수학이나 다른 과목보다는 꾸준하게 관심이 덜 느껴지는 과목인 것 같다.

우리나라의 말을 이해하는 데에 있어서 한자를 아는 것은 중요하다고 생각한다. 근데 조금 어렵다고 생각한다.

난이도 극상, 요즘에는 그렇게 많이 쓰이지 않는 것 같아서 필요성은 못 느낀다.

한자를 완전히 몰라서 어렵다고 생각하는데 국어 문제 풀다보면 필요성은 높은것 같아요.

한자를 그래도 많이 접해본 경험이 있어서 딱히 어렵게 느껴지지는 않는것 같다.
그리고 한자·한문을 많이 알면 모르는 단어를 어느정도 파악할수 있다는 점이 좋은 것 같아 필요한것같다.

이상이 고등학교 3학년 학생들이 수업시간에 직접 작성한 내용이다. 삐뚤빼뚤한 글씨로 자신의 솔직한 생각을 쓰는 모습이 아직 생생하게 기억난다. 한자·한문을 배운 경험이 있는 학생들은 초등학교 때 학습지로 잠깐 접하거나 방과 후 활동으로 했었거나 중학교 때 한문 수업이 1년 정도 있어서 배운 게 전부였다. 영어와 비교하면 학습 경험은 많지 않았다. 학습 경험이 많지 않다고 해서 고등학교 한문 수업을 따라가지 못하는 것은 아니다. 기존에 배운 경험의 많고 적음이 성적에 크게 영향을 주지도 않는다. 물론, 배운 경험이 있으면 공부할 때 시간을 줄일 수 있긴 하다. 그렇지만 학습에 대한 의지와 필요성을 인식하고 한자·한문을 알아가려는 노력이 있다면 경험이 없더라도 충분히 수업을 통해 원하는 성적을 얻는 학생들이 있었다. 그래서 한자·한문을 배운 경험보다 중요한 것은 한자·한문을 왜 배워야 하는지를 인식하고 알아가는 자세다.

학생들의 칠판 낙서

'和而不同'(교무실에서)

▶ 첫 공개수업을 준비하며

공개수업을 할 때 현장에서 교사가 가장 먼저 준비해야 할 것은 ① 공개수업 학급 선정 ② 수업안 준비이다. 평소 수업 분위기가 좋고, 한문 학습에 열의가 있는 학생이 많은 반을 선택하여 공개수업이 예정된 날을 공지한다. 그래야 학생들도 나도 마음의 준비를 한다. 수업안(교수·학습과정안)은 대학에서 '한문교재연구 및 지도법'을 수강하던 때나 모교로 교생실습을 나갔을 때 많이 썼던 것 같다. 막상 교사가 된 이후에는 공개수업 외에는 쓸 기회가 많이 없었다. 교사가 되면 출판사에서 제공하는 교사용 사이트를 교사 인증 후 사용할 수 있게 되는데 그곳에서 수업안과 수업자료를 내려받을 수 있다. 그래서인지 예전처럼 처음부터 끝까지 수업안을 구성하는 선생님은 보기 드문듯했다. 하지만, 학생들의 수준과 학교의 실정에 맞게 구성하려면 직접 작성하는 편이 옳다.

한문과도 여러 가지 교수·학습방법과 다양한 매체를 활용한 수업이 최근에 소개되고 있어서 공개수업 때 활용해볼 만했지만, 신기하게도 학교의 학생들과 관리자들은 전통적인 수업 방식을 더 선호했다. 2015 개정 한문과 교육과정에서 나타난 수업 방식을 그대로 활용해보고자 해도 "고등학교 3학년이 한자 카드를 써요?", "그냥 선생님께서 정리해주시는 게 좋아요.", "다른 주요 과목도 활동할 게 많아서 한문까지 있으면 너무 힘들어요."라는 교사들의 반응과 "모의고사가 코앞인데 언제 자습시간 주시나요?"라는 학생들의 반응에 시도조차 할 수 없었다. 또한, 관리자들도 교수자 중심의 수업이 안정적인 형태의 수업, 학생·학부모 민원의 소지가 낮은 수업, 기본에 충실한 수업이라 생각한다. 그러므로 공개수업과 관련한 기안 결재와 보통 이상의 수업 피드백을 받기 위해서는 새로운 방식의 수업을 공개수업에서 시도할 수 없는 게 학교의 현실이었다.

관리자가 강의식 수업을 좋아하면 공개수업 때 강의식으로 수업하면 되고, 학생들이 원하는 방식이 있으면 그 방식대로 수업하면 된다. 관리자와 학생들이 해달라는 방식대로 다 해주어서도 안 된다. 그렇다고 교사가 너무 고집을 부려서도 안 된다. 그래서인지 교직에 있어 보니 똑똑함보다 노련함이 중요한 것 같다는 생각이 들었던 공개수업 준비였다.

(한문Ⅰ)과 교수-학습 과정안

수업일시		수업대상		수업교사	정[illegible]
대단원명 (소단원명)	Ⅲ. 세상을 사는 멋과 지혜 07. 보물을 사양하다(子罕辭寶)	수업차시	1/2 (새로운 한자 익히기, 본문 풀이하기)		
수업주제	『좌전(左傳)』에 나타난 단문(短文) 풀이하기	수업형태	대면강의(문답)		
성취기준	[12한문Ⅰ02-04] 글의 의미가 잘 드러나도록 바르게 소리 내어 읽는다. [12한문Ⅰ02-06] 글을 바르게 풀이하고 내용과 주제를 설명한다.				
학습목표	글의 의미가 잘 드러나도록 바르게 소리 내어 읽고 풀이할 수 있다.				
수업 설계의 주안점 (수업의도)	· 교육과정-수업-평가의 일체화 바탕 (교육과정 성취기준에 충실한 수업을 설계, 학생의 문답과 교과서 필기 완성도를 척도로 평가) · 문장 구조를 톺아보기에는 발표 및 토의·토론 방식은 부적합하다고 여겨 교사가 강(講)하고, 학생이 독습(讀習)하며 정리하는 한문과의 전통적인 교수학습 방법을 통해 교학상장(敎學相長)할 수 있도록 설계함.				

수업단계	교수·학습 활동		수업자료 및 유의점
배움열기 (동기유발 및 전시학습 상기)	수업 분위기 조성	ⓉⓈ 인사 Ⓣ 출석 확인, 학생 수업 준비 상태 점검 (네트워크 상태, 교과서 지참 여부, 활동지 배부 등)	교과서, 강의자료(PPT)
	전시학습 점검	Ⓣ 6과(6.먹지 않는 지혜)에서 다루었던 본문의 주요 내용을 강독한다. Ⓢ 6과에서 다루었던 본문의 주요 내용을 상기하고 질의한다.	
	학습동기 유발	Ⓣ 7과에서 학습할 내용의 목차를 안내하고, 관련된 사진 자료를 제시한다. Ⓢ 7과에서 학습할 내용을 유추한다.	
	학습목표 안내	ⓉⓈ 오늘의 학습목표를 확인한다. [글의 의미가 잘 드러나도록 바르게 소리 내어 읽고 풀이할 수 있다.]	
배움활동 (문제탐색 및 문제해결)	새로운 한자 익히기	Ⓣ 신습(新習) 한자 중 사용 빈도가 높은 한자의 음훈, 자원(字源), 용례에 관해 설명한다. Ⓢ 한자의 자원을 이해하고, 용례를 고민해보며 한자로 이루어진 일상 어휘를 쉽게 파악한다.	· 학생-학생, 학생-교사 간 자신이 알고 있는 한자의 용례를 자유롭게 문답할 수 있도록 분위기를 조성한다. · 학생의 흥미와 호기심을 일으킬 수 있도록 본문과 관련되며 일상에서 쉽게 볼 수 있는 한자·한자 어휘를 함께 설명한다. · '文'을 주로 다루는 차시이기에 '字'에 대한 깊이 있는 접근은 지양하며 다의어와 문장 풀이에 초점을 둔다.
	본문 풀이하기	ⓉⓈ 본문을 토(吐)와 문장 부호의 쓰임에 유의하여 글의 의미가 드러나도록 강독한다. Ⓣ 본문을 다루기에 앞서 필요한 개략적 사항(중국사, 문법 등)을 설명한다. Ⓢ 교과서, 강의자료에서 주의 깊게 살펴볼 지점을 점검한다. Ⓣ 본문에 나타난 한자의 음훈, 풀이 순서, 다의어 등을 제시하고 구절씩 강(講)한다. Ⓢ 한자의 음훈과 풀이 순서를 정리하며 용례나 다의어, 본문에 대한 자기 생각을 자유롭게 문답한다.	
배움정리 (적용 및 정리)	요약 및 정리	ⓉⓈ 오늘 학습한 본문을 함께 강독한다. Ⓣ 본문에서 주의 깊게 봐야 하는 한자의 문법적 쓰임과 다의어를 강조한다.	· 교과서에 배움의 결과를 자신만의 방식으로 정리·표현할 수 있도록 한다.
	차시예고	Ⓣ 다음 시간에 다룰 수업 내용을 안내한다. (한자 프리즘, 스스로 점검하기) ⓉⓈ 인사 및 수업 마무리	

▶ 학교에서 한문을 가르친다는 것

나는 초등학생부터 만학도까지 여러 학생을 대상으로 한문 수업을 했지만 주로 고등학교 3학년 수업을 맡았다. 대학 입시를 앞둔 고등학교 3학년 학생들에게 한자·한문을 왜 배워야 하는지를 인식시킨 후 한문 수업을 한다는 것은 정말 쉽지 않은 일이다. 제2외국어·한문 영역이 수능에서 필수가 아니며 내신에서도 큰 비중을 차지하고 있지 않다. 또한, 각자가 희망하는 전공을 어느 정도 염두(念頭)에 두고 있기에 한문학과·한문교육과·유학동양학과와 같이 한문과 직접적인 관련이 없다면 듣지 않으려고 한다. 다행히도 설문을 받아보니 비문학 지문, 고전문학, 윤리 과목을 접할 때 한자·한문에 대한 지식이 필요하고 일상생활에 한자어와 고사성어가 많이 쓰이기에 한자·한문을 배워야 한다고 답해주었다. 고등학교 3학년이라 해도 입시에 필요한 과목에는 단련이 되어 있지만, 한문은 처음 접하거나 오랫동안 배우지 않아 기본부터 다져야 하는 상황이었다.

요즘 학생들의 흥미를 위주로 하는 여러 가지 한문과 교수·학습방법이 소개되고 있지만 가장 기본적인 교수·학습방법이 먼저 필요하다.

교사	학생
▹ 교과서, 강의자료(활동지 등) ▹ 판서(수업내용에 대한 일목요연한 정리) ▹ 관련 예시나 영상, 자료 제시	▹ 교과서, 학습자료(활동지 등), 노트 ▹ 교수자 강의내용 정리 ▹ 강독(講讀), 질의

이러한 과정을 통해 습득한 지식과 단련이 없다면 발표·토의·토론할 영양분이 없으며 앞으로 있을 한문 학습의 토대가 갖춰지지 않는다. 학생들의 흥미와 동기 유발에 도움이 되는 교수·학습방법이 있지만, 수업의 본질은 변화될 수 없다. 교수자가 판서한 것을 학생 자신의 방식으로 정리하고, 정리한 것에 대한 피드백을 교수자에게 받는 과정이 필요하다. 필자는 대학에서 보통의 한문학과·한문교육과 교수님이 강의하시는 방식대로 수업하였다. 교과서에서 다뤄야 할 부분을 PPT, 활동지로 정리하여 강의하고, 참고문헌을 통해 설명을 보충하였다. 학생들은 교과서와 PPT, 활동지에 한자의 음·뜻과 해석 순서 등을 정리하게 하고, 문장에 대한 주제와 키워드, 자기 생각을 말하게끔 하였다. 수업 후에는 학생 개별적으로 한자·한자어를 암기하는 것이다. 필자의 수업 방식에 대해 학습

자 부담, 주입식 교육, 암기 위주의 학습이라고 비판하는 사람[4]이 있을 수도 있겠다는 생각에 이 기회를 통해서 그들에게 몇 가지를 묻고 싶다.

- ▹ "암기가 학생들을 괴롭히고 잘못된 것이라면, 암기 없이 배울 수 있는 외국어는 존재하나요?"
- ▹ "학교에서조차 흥미를 우선적으로 고려한다면, 학생들이 어른이 되어서도 일을 하거나 공부할 때 흥미에 많은 비중을 두고 살 텐데요?"
- ▹ "업(業)을 주는(授) 과정이 수업(授業)인데, 업(業)을 정리까지 해서 주면 덜 괴로울 텐데요?"
- ▹ "학교에서 활동만 하는 수업만 있을 수는 없죠?"
- ▹ "대학에서도, 고전을 교육하는 기관에서도 이러한 방식이 기본이라고 보는데요?"

이따금 있는 비판을 무릅쓰고 수업에서 기본만을 좇아 흥미를 고려하지 않고 과목의 목적과 방향에 맞게 강의했었다. 그런데도 학생 대부분은 성실하게 따라와 주었고, 들을 만한 강의였다고 했다. 한문학과·한문교육과에 진학하는 학생이 있었으면 좋았겠지만 아쉽게도 단 한 명의 학생도 없었다. 한자·한문에 호기심을 가지고 더 공부해보고자 하는 학생들이 간혹 따로 찾아오는 때는 있었다. 그때마다 공구서(工具書)를 추천해주는 것을 하루 재미로 삼았던 것이 기억에 남는다.

4) 잠깐 근무했던 미인가 초등교육 대안학교의 관리자(유치원 원장)가 기억에 남는다. 그 사람은 암기에 치를 떠는 사람이었다. 초등학생들이 흙바닥에 나뭇가지로 쓰며 획순을 익히고, 자연스레 한자의 흥미를 느끼게끔 요구했다. 일반적으로 어른들이 노트에 한자를 여러 번 제대로 써도 자형과 획순을 익히기 어려운데 말이다. 설령 흙바닥에 쓰며 흥미를 느꼈다고 한들, 몇 글자를 제대로 알고 가겠나 싶었다. '이런 교육방법이 진정한 숲속 교육인가'하고 회의감이 들었고, 이러한 방식이 중등교육에도 통하겠나 싶었다. 그 관리자는 유아교육 연구 성과를 바탕으로 숲 유치원과 대안학교를 운영한다고 하였지만, 빛 좋은 개살구였다. 지금 생각해보면 자신만의 글쓰기와 연구결과를 위해 교사에게 Gaslighting을 했던 것이 아닌가 싶다.

▶ 한 학기를 마치며

첫 학교에서의 한 학기가 끝이 났다. 대학에서는 정기시험을 마치면 바로 종강이지만 고등학교는 그렇지 않았다. 학생들은 시험을 치르기 전까지 바쁘지만, 교사는 시험 전후가 모두 바쁘다. 시험 전에는 원안을 출제하고 시험 출제범위 진도를 나가느라 바쁘고, 시험 후에는 답안지 채점과 학교생활기록부 입력 등으로 바쁘다. 나에게는 교사로서 첫 학기였고 우여곡절(迂餘曲折)이 많았던지라 걱정과 시련이 많았지만, 학생들도 그렇고 나도 그렇고 잘 버텨온 것 같다.

학기가 끝나는 방학식 당일에는 방학식 후 충청도에 있는 기독교 대안학교로 워크숍을 갔다. 교장, 부장교사, 미래학교전환준비 TF팀 교사가 참여하게 되었다. 워크숍에서 학습관리시스템(LMS), 자연 친화적인 학습 환경이 특히 인상 깊었다. 정규학교의 교육과정과 시스템이 아닐지라도 충분히 교육이 이루어지고 있었다. 아쉬운 점이 있다면 교원의 처우(연봉 및 복지제도), 졸업 후 학력이 인정되지 않는 부분이 가장 큰 문제였다.

정규학교보다 대안학교가 좋다고 할 수도 없고, 대안학교보다 정규학교가 좋다고 할 수도 없다. 각자의 위치에서 교사나 학생이 학교에 만족하느냐의 차이일 뿐이었다. 새벽에 숙소에서 일어나 앞으로의 학교, 교사, 학생이 나아가야 할 방향에 대해 생각해보았었다. 좋은 교사는 무엇일까? 성과 등급 'S'인 교사인가, 학생들에게 인기 많은 교사인가, 담임하며 명문대를 많이 보낸 교사인가, 수업 준비를 열심히 하는 교사인가, 행정업무를 꼼꼼하게 하는 교사인가. 교직에 있으면 있을수록 정답이 무엇인지 참 알 수가 없었다. 전날 학교 근처에 있었던 흔들다리를 건너는 듯한 느낌이랄까. 안 건널 수도 없고, 건너자니 흔들거려서 무섭고, 막상 건너고 있으니 할 만하기도 하고, 앞은 까마득하고, 어쩌다 보니 끝이 나긴 하고, 무서워하는 사람과 포기하는 사람과 재밌다고 하는 사람이 있는 것을 보면 교직이 참 흔들다리 같다고 생각했었다.

▶ 첫 학교 이후

첫 학교를 그만둔 후, 타 중·고등학교, 학력인정 평생교육시설, 미인가 대안학교, 고려대학교에서 근무했다. 다양한 학교와 다양한 연령대의 사람들을 가르치면서 나 또한 끊임없이 배우며 살고 있다. '우리가 원하는 교육의 방향은 무엇인가'에 대해 항상 고민하며 지내고 있지만, 정답과 방향이 명확하게 무엇인지 알 수 없었다. 나는 그럴 때마다 서점과 도서관에 가서 책을 읽었다. 여러 가지 자기계발 책에서 공통으로 하는 주장이 있었다. 세상 모든 일은 자기가 자유롭고 행복하기 위해 하는 것이라는 점이었다. '자유롭게 행복한 교육'이라는 것이 얼핏 보았을 때 교훈 같고 진부한 느낌이지만, 또 이것만큼 기본적인 것은 없다고 생각한다.

학교에서 어떤 상황에 놓이더라도, 앞으로의 미래가 보이지 않더라도 변화 그 자체를 즐겨야 한다. 변화 자체를 즐기지 못하면 앞으로의 시대가 상당히 고통스러울 것이다. 그러므로 좋은 일은 좋은 경험으로 나쁜 일은 그 나름의 경험으로 삼아 스스로 발전해나가는 것이 필요하다. 묵묵하게 눈앞에 보이는 것으로부터 시작해서 의지를 갖고 성실히 살아가다 보면 기분 좋은 인생이 만들어지리라 생각한다.

우리는 인생을 경력자로 시작한 게 아니었다. 모두가 신입으로 인생을 시작했다. 신입사원이 실수도 하고, 일을 배워나가며 회사 생활에 적응해나가듯 우리도 가끔 실수도 해보고, 세상을 배워나가며 인생에 적응해나가다 보면 이런저런 경력이 쌓여 인생의 전문가가 되지 않을까 하는 생각을 문득 해본다. 실패하지 않기 위해 발악하며 완벽하게 성공하고자 노력한다면 늘 스트레스를 받으며 일상을 보내지 않을까? 그저 하루를 잘 버티며 사는 것만 해도 충분하다는 생각이 드는 요즈음이다.